複式簿記の理論と計算

問題集

村田直樹・竹中　徹・森口毅彦［編著］

創成社

執筆者紹介（執筆順）

村田直樹（むらた・なおき）第１章・第17章・第26章
日本大学経済学部教授

中條良美（ちゅうじょう・よしみ）第２章～第５章・第12章
阪南大学経営情報学部准教授

竹中　徹（たけなか・とおる）第６章～第11章
石巻専修大学経営学部准教授

溝上達也（みぞがみ・たつや）第13章～第16章
松山大学経営学部教授

髙橋　聡（たかはし・さとし）第18章～第22章
西南学院大学商学部准教授

相川奈美（あいかわ・なみ）第23章～第25章
名城大学経営学部准教授

森口毅彦（もりぐち・たけひこ）第27章～第32章
富山大学経済学部教授

はしがき

本書は，複式簿記を学習する初学者に対して，その実力を養成し，複式簿記の習得を可能にすることを目的として，執筆・編集されたものである。

複式簿記の学習は，複式簿記の解説書を読み，そのシステムを理解するだけでは不十分で，具体的な問題を自ら計算し，繰り返し解答することが必要である。商業簿記においては，取引の仕訳から財務諸表作成にいたる記帳の方法と計算の技法を習得し，工業簿記においては，製造活動の取引記録から製造原価報告書や経営管理に必要な原価データの作成に至る記帳の方法や計算の技法を習得し，その基礎となる簿記および会計の論理を学ばなければならない。本書は，このような技法や論理を習得するために執筆されたものであり，本書の特徴は以下のようなものである。

① 商業簿記および工業簿記の基本的な問題を網羅したものであり，商業簿記と工業簿記を１冊の問題集にまとめることによって，日商簿記検定３級から２級へのステップアップを容易にし，両者の関係を明確に理解できる。

② 各章の冒頭にポイント整理事項が明記され，これを確認した上で，問題に取り組むことができる。

③ 問題に対する解答・解説は，創成社ホームページhttp://www.books-sosei.comから無料でダウンロードでき，各自の進度に合わせて無駄なく解答を確認することができる。

④ 各章の問題に対して，より詳しい解説が必要であれば，問題集に対応した『複式簿記の理論と計算』創成社刊（解説書）があり，両者を併用することで，より確実な複式簿記の習得が可能となる。

⑤ 各章には，日商簿記検定３級商業簿記の試験範囲項目に☆印，２級工業簿記の試験範囲項目に★印がつけられていて，読者の学習上の便宜を図る配慮がなされている。

最後に，格別のご配慮をいただいた株式会社創成社社長塚田尚寛氏，同社出版部西田徹氏に心から感謝するとともに，両氏の絶大なる支援に対して深甚の謝意を表する次第である。

平成24年２月１日

編著者

目　次

はしがき

第Ⅰ部　商業簿記

第１章　簿記の基礎概念 ―― 1
第２章　簿記一巡の手続き ―― 6
第３章　商品売買 ―― 15
第４章　現金預金 ―― 23
第５章　債権債務 ―― 30
第６章　手形取引 ―― 38
第７章　有価証券 ―― 45
第８章　有形固定資産 ―― 51
第９章　無形固定資産と繰延資産 ―― 57
第10章　引当金と社債 ―― 61
第11章　純 資 産 ―― 67
第12章　税　　金 ―― 74
第13章　決　　算 ―― 78
第14章　伝　　票 ―― 90
第15章　帳簿組織 ―― 96
第16章　本支店会計 ―― 103

第Ⅱ部　工業簿記

第17章　工業簿記・原価計算の基礎概念 ―― 111
第18章　材料費の計算 ―― 117
第19章　労務費の計算 ―― 121
第20章　経費の計算 ―― 129
第21章　製造間接費の計算 ―― 133
第22章　原価の部門別計算 ―― 140
第23章　個別原価計算 ―― 150
第24章　総合原価計算（Ⅰ） ―― 156
第25章　総合原価計算（Ⅱ） ―― 164
第26章　製品の完成・販売と決算 ―― 174
第27章　標準原価計算（Ⅰ） ―― 182
第28章　標準原価計算（Ⅱ） ―― 190
第29章　CVP（原価・営業量・利益）関係の分析 ―― 199
第30章　直接原価計算 ―― 207
第31章　業務的意思決定 ―― 215
第32章　構造的意思決定 ―― 223

付　録Ａ．現価係数表　230
　　　Ｂ．年金現価係数表　231

第1章　簿記の基礎概念

ポイント整理

☆1　簿記の目的

① **備忘録および経営の基礎資料としての経済行為の歴史的記録**
② **一定時点の財政状態の把握**
③ **一定期間の経営成績の把握**

☆2　複式簿記の要素

複式簿記では，企業活動の継続的な記録を行うにあたって，金額に換算し記録，計算，整理を行う。そのため，企業活動を次の５つの要素に分類する。

① **資産**（現金，当座預金，売掛金，貸付金，備品など）
② **負債**（買掛金，借入金，社債など）
③ **純資産**（**資本**）（資本金，引出金など）
④ **収益**（売上，受取利息，受取地代など）
⑤ **費用**（仕入，支払保険料，給料など）

一定時点（期末）の資産，負債，純資産（以下：資本）の金額を一覧にして財政状態を示した表を**貸借対照表**という。また，一定期間の収益，費用を比較計算し，整理した計算書を**損益計算書**という。

☆3　簿記上の取引

複式簿記では，企業の資産，負債，資本，収益，費用の各要素に増減変化をもたらす事柄を**簿記上の取引**という。したがって，企業の資産，負債，資本，収益，費用に金額的な増減をもたらさないものは，簿記上の取引ではない。

☆ 4 勘定記入

勘定とは，簿記で記録・計算を行うための固有の単位で，通常，勘定科目を明記し，以下のようなT字型の口座を設け，記録する。

現　　金	
（借　　方）	（貸　　方）

勘定は向かって左側を借方，右側を貸方と呼び，一定のルールに従って記録する。

勘定記入のルール

資産の勘定	増加を借方に，減少を貸方に記録する
負債の勘定	増加を貸方に，減少を借方に記録する
資本の勘定	増加を貸方に，減少を借方に記録する
収益の勘定	発生を貸方に，（消滅を借方に）記録する
費用の勘定	発生を借方に，（消滅を貸方に）記録する

資　産	
増　加	減　少

負　債	
減　少	増　加

資　本	
減　少	増　加

収　益	
（消　滅）	発　生

費　用	
発　生	（消　滅）

簿記上の取引を分析し，記録する場合，簿記の基本等式がその基礎となる。

資　産　＝　負　債　＋　純資産（資本）

☆ 5 仕　訳

仕訳とは，簿記上の取引を認識し，金額を測定し，簿記上の要素に分類し，勘定科目を決定する手続きである。

たとえば，業務用トラック（車輌運搬具）¥*400,000*を現金で購入した場合

車輌運搬具（資産）の増加 → 備品勘定借方に¥*400,000*を記入

現金（資産）の減少 → 現金勘定貸方に¥*400,000*を記入

仕訳では，

（借） 車輌運搬具 400,000 （貸） 現 金 400,000

練習問題

☆**問題1** 次の①～⑤について，簿記上の取引になるものには○を，簿記上の取引とはならないものには×を解答欄に記入しなさい。

① 倉庫に保管していた商品￥250,000が水害によって損傷した。
② 商品￥500,000の注文を受け，売渡契約を結んだ。
③ 新社屋建設のため，土地￥2,500,000を購入した。
④ 販売用の商品￥85,000を仕入れ，代金は後払いとした。
⑤ 夜半に火災があり，倉庫￥900,000が全焼した。出火原因は不明である。

①		②		③		④		⑤	

☆**問題2** 次の①～⑤の取引について，増加・減少とその借方・貸方の要素を解答欄に記入しなさい。

例）銀行より現金を借り入れた。
① 現金を元入れして，営業を開始した。
② 販売目的で商品を仕入れ，代金は後払いにした。
③ 事務机を購入し，代金は現金で支払った。
④ 貸付金の利息を現金で受け取った。
⑤ 従業員の給料を現金で支払った。

例	現金の（増加）→ 現金勘定の（借方）	借入金の（増加）→ 借入金勘定の（貸方）
①	現金の（　　）→ 現金勘定の（　　）	資本金の（　　）→ 資本金勘定の（　　）
②	商品の（　　）→ 仕入勘定の（　　）	買掛金の（　　）→ 買掛金勘定の（　　）
③	現金の（　　）→ 現金勘定の（　　）	備品の（　　）→ 備品勘定の（　　）
④	現金の（　　）→ 現金勘定の（　　）	受取利息の（　　）→ 受取利息勘定の（　　）
⑤	現金の（　　）→ 現金勘定の（　　）	給料の（　　）→ 給料勘定の（　　）

☆**問題3** 次の①～⑧の取引を勘定記入しなさい。

① 現金￥900,000を元入れして，小笠原商店の営業を開始した。
② 商品￥180,000を仕入れ，代金は現金で支払った。
③ 備品￥250,000を購入し，代金は現金で支払った。
④ 商品を販売し，代金￥570,000は現金で受け取った。
⑤ 従業員の今月分給料￥90,000を現金で支払った。
⑥ 電話代（通信費）￥15,000を現金で支払った。
⑦ 商品￥360,000を仕入れ，代金のうち￥160,000を現金で支払い，残額は掛けとした。
⑧ 借入金￥800,000を利息￥9,000とともに現金で支払った。

＊商品売買の記帳は三分法（第３章参照）

現　　金

借　入　金

仕　　入

備　　品

給　　料

通　信　費

売　　上

支払利息

資　本　金

買　掛　金

第2章　簿記一巡の手続き

ポイント整理

☆1　簿記一巡の手続き

企業が日常的に行う取引を記録・集計するために必要な作業の手順。

期中に行う手続き：

①　仕　訳（仕訳帳）→　②　転　記（総勘定元帳）

期末（決算日）以降に行う手続き：

③　試算表の作成　→　④　決　算

☆2　仕　訳

企業が期中に行う取引を，勘定科目とその金額とを用いて，仕訳帳に時系列で記録する作業。

建物を現金で購入したとき

（借）建　物　×××　　（貸）現　金　×××

現金を借り入れたとき

（借）現　金　×××　　（貸）借入金　×××

仕　訳　帳　　1

平成×年		摘　要	元丁	借　方	貸　方
6	1	（建　物）	4	200,000	
		（現　金）	1		200,000
		建物を購入			
	2	（現　金）	1	180,000	
		（借入金）	7		180,000
		銀行から現金を借り入れ			

☆3 転　記

仕訳帳から総勘定元帳に設けられた勘定口座に，各勘定科目に関する取引の記録を移す作業。

勘定口座の略式フォーマット

		現	金		
6/ 1	前月繰越	300,000	6/ 1	建　　物	200,000
2	借 入 金	180,000			

摘要欄には，相手方勘定科目を記入する。

☆4 試算表

各勘定口座への記録が，正確であるかどうかを検証する作業。

合計試算表：各勘定口座の借方金額の合計と貸方金額の合計を記入。

残高試算表：各勘定口座の残高を記入。

合 計 試 算 表
平成×年6月30日

借　方	勘 定 科 目	貸　方
650,000	現　　　金	300,000
200,000	商　　　品	130,000
⋮		⋮
1,200,000		1,200,000

残 高 試 算 表
平成×年6月30日

借　方	勘 定 科 目	貸　方
350,000	現　　　金	−
70,000	商　　　品	−
⋮		⋮
740,000		740,000

☆5 決　算

期末に帳簿を締め切り，貸借対照表と損益計算書を作成するための作業。

収益と費用の損益勘定への振り替え

（借）商品売買益　×××　　（貸）損　　益　×××

（借）損　　益　×××　　（貸）支払利息　×××

損益勘定から資本金勘定への振り替え

（借）損　　益　×××　　（貸）資 本 金　×××

繰越試算表：資産・負債・資本の勘定科目の期末残高を記入。

繰越試算表

平成×年6月30日

借　方	勘定科目	貸　方
350,000	現　　金	−
70,000	商　　品	−
⋮		⋮
820,000		820,000

練習問題

☆問題１　次の取引の仕訳を示すとともに，取引要素の結合関係に関して空欄に資産・負債・資本・収益・費用のいずれかを記入しなさい。

①　現金￥1,000,000を元入れして，開業した。
②　現金￥800,000を銀行から借り入れた。
③　土地￥650,000と建物￥280,000を，現金で購入した。
④　商品￥320,000を仕入れ，代金は現金で支払った。
⑤　原価￥230,000の商品を￥276,000で売り上げ，代金は現金で受け取った。
⑥　給料￥7,000を現金で支払った。
⑦　借入金￥200,000を利息￥6,000とともに現金で返済した。

	借方科目	金　額	貸方科目	金　額
①				
②				
③				
④				
⑤				
⑥				
⑦				

[取引要素の結合関係]

①　（　ア　）の増加 ―――― （　イ　）の増加
②　（　ウ　）の増加 ―――― （　エ　）の増加
③　（　オ　）の増加 ―――― （　カ　）の減少
④　（　キ　）の増加 ―――― （　ク　）の減少
⑤　（　ケ　）の増加 ―――― （　コ　）の減少
　　　　　　　　　　　　　 （　サ　）の発生
⑥　（　シ　）の発生 ―――― （　ス　）の減少
⑦　（　セ　）の減少 ―――― （　ソ　）の減少
　　（　タ　）の発生

①	ア		イ		⑥	シ		ス	
②	ウ		エ		⑦	セ		ソ	
③	オ		カ			タ			
④	キ		ク						
⑤	ケ		コ						
			サ						

☆**問題２** 次の取引の仕訳を，小書きも含めて仕訳帳に記入しなさい。

① 12月５日 松原銀行から，現金￥1,500,000を借り入れた。

② 6日 岸和田商会から，商品陳列ケース￥230,000を現金で買い入れた。

③ 8日 堺商店から商品￥840,000を仕入れ，代金は現金で支払った。

④ 11日 富田林商店に原価￥630,000の商品を￥820,000で売り上げ，代金は現金で受け取った。

仕 訳 帳

1

平成×年		摘　　要	元丁	借　方	貸　方
12	5		1		
			11		
	6		5		
			1		
	8		3		
			1		
	11		1		
			3		
			13		

☆**問題 3**　次の仕訳を，各勘定口座に転記しなさい。

①	4月1日	（借）	現　　金	200,000	（貸）	資 本 金	200,000
②	3日	（借）	商　　品	78,000	（貸）	現　　金	78,000
③	8日	（借）	現　　金	2,000	（貸）	受取手数料	2,000
④	13日	（借）	現　　金	72,000	（貸）	商　　品	60,000
						商品売買益	12,000
⑤	15日	（借）	給　　料	6,000	（貸）	現　　金	6,000

現　　金　　1

平成×年	摘　要	仕丁	借　方	平成×年	摘　要	仕丁	貸　方
		1				1	
		〃				〃	
		〃					

商　　品　　3

平成×年	摘　要	仕丁	借　方	平成×年	摘　要	仕丁	貸　方
		1				1	

資 本 金　　5

平成×年	摘　要	仕丁	借　方	平成×年	摘　要	仕丁	貸　方
						1	

商品売買益　　6

平成×年	摘　要	仕丁	借　方	平成×年	摘　要	仕丁	貸　方
						1	

受取手数料　　7

平成×年	摘　要	仕丁	借　方	平成×年	摘　要	仕丁	貸　方
						1	

給　　料　　8

平成×年	摘　要	仕丁	借　方	平成×年	摘　要	仕丁	貸　方
		1					

☆**問題 4**　次の勘定口座の記録（略式）から，合計試算表と残高試算表とを作成しなさい。

現	金
116,000	24,000
23,000	4,300
3,500	48,000
43,000	2,700
	13,500

商	品
12,000	19,000
24,000	38,500
48,000	

備	品
30,000	

借 入	金
12,000	28,000

資 本	金
	130,000

商品売	買益
	4,000
	4,500

受取手	数料
	3,500

給	料
4,300	

水道光	熱費
2,700	

支払	利息
1,500	

合 計 試 算 表

平成×年 8 月31日

借　方	勘 定 科 目	貸　方

残 高 試 算 表

平成×年8月31日

借　方	勘 定 科 目	貸　方

☆**問題5**　次頁の総勘定元帳の記録にもとづいて，次の設問に答えなさい。ただし，期末（8月31日）までの取引については，合計金額で示してある。

①　損益勘定と資本金勘定への振替仕訳を示しなさい。

日付	借方科目	金　額	貸方科目	金　額

② 各勘定を締め切り，繰越試算表を作成しなさい。

現　　金

185,500	92,500

商　　品

84,000	57,500

備　　品

30,000	

借 入 金

12,000	28,000

資 本 金

	130,000

商品売買益

	8,500

受取手数料

	3,500

給　　料

4,300	

水道光熱費

2,700	

支払利息

1,500	

損　　益

繰越試算表

平成×年8月31日

借　方	勘定科目	貸　方

第3章　商品売買

ポイント整理

☆1　分記法と三分法

分記法：商品勘定（資産）と商品売買損勘定（費用）または商品売買益勘定（収益）を用いて，商品売買を処理する方法。

商品を仕入れ，代金を現金で支払ったとき

（借）	商　品	×××	（貸）	現　金	×××

商品を仕入原価以上の価額で売り上げ，代金を現金で受け取ったとき

（借）	現　金	×××	（貸）	商　品	×××
				商品売買益	×××

三分法：仕入勘定（費用），売上勘定（収益）および繰越商品勘定（資産）を用いて，商品売買を処理する方法。

商品を仕入れ，代金は掛けとしたとき

（借）	仕　入	×××	（貸）	買掛金	×××

商品を売り上げ，代金は掛けとしたとき

（借）	売掛金	×××	（貸）	売　上	×××

※返品・値引・割戻：通常の商品売買取引の仕訳と反対の仕訳を行う。

割引：仕入割引勘定（収益）または売上割引勘定（収益）を用いる。

掛けで仕入れた商品を返品した（値引を受けた）とき

（借）	買掛金	×××	（貸）	仕　入	×××

買掛金を期限内に支払ったため，割引を受けたとき

（借）	買掛金	×××	（貸）	仕入割引	×××

☆ 2 仕入帳と売上帳

商品売買の明細を時系列で明らかにするための補助簿。

仕　入　帳

平成×年		摘　　　要		内　訳	金　額
10	9	久居商店	掛け		
		X商品　100個　@¥300			30,000
	14	**久居商店**	**掛値引**		
		X商品　4個　@¥300			**1,200**

売　上　帳

平成×年		摘　　　要		内　訳	金　額
10	10	四日市商店	掛け		
		X商品　80個　@¥400			32,000
	12	**四日市商店**	**掛戻り**		
		B商品　15個　@¥400			**6,000**

☆ 3 商品有高帳

商品の増減と残高に関する明細を網羅した補助簿。

商品有高帳

(先入先出法)

平成×年		摘　要	受　入			払　出			残　高		
			数 量	単 価	金 額	数 量	単 価	金 額	数 量	単 価	金 額
	1	前月繰越	80	350	28,000				80	350	28,000
	3	仕　　入	120	370	44,400				{ 80	350	28,000
									120	370	44,400
	6	売　　上				{ 80	350	28,000			
						40	370	14,800	80	370	29,600

先入先出法：先に仕入れた商品から順に払い出すと仮定し，払出単価を決定。
移動平均法：商品を受け入れるたびに，平均的に払出単価を決定。
総 平 均 法：期末に一括して払出単価を決定。

4 棚卸減耗費と商品評価損

棚卸減耗費 ＝ 原価 ×（帳簿数量－実地棚卸数量）
商品評価損 ＝（原価－時価）× 実地棚卸数量

練習問題

☆ 問題１　次の取引の仕訳を，三分法で示しなさい。

① 鈴鹿商店から商品￥420,000を仕入れ，代金は掛けとした。
② 四日市商店に商品￥460,000（原価￥380,000）を売り上げ，代金は掛けとした。
③ 四日市商店に売り上げた商品のうち，規格外のため￥15,000の値引の申し入れがあり承諾した。
④ 鳥羽商店から商品￥540,000を仕入れ，代金は掛けとした。なお，引取運賃￥20,000は，現金で支払った。
⑤ 鳥羽商店から仕入れた商品のうち，不良品￥8,000を返品した。
⑥ 尾鷲商店に商品￥610,000（原価￥500,000）を売り上げ，代金は掛けとした。なお，当店負担の発送費￥35,000は，現金で支払った。

	借方科目	金　額	貸方科目	金　額
①				
②				
③				
④				
⑤				
⑥				

問題２　次の取引の仕訳を，松阪商店と志摩商店の両方について示しなさい。

① 松阪商店は，志摩商店に対する買掛金￥375,000が割戻条件を満たしているため，２％の支払い免除を受け，残額を現金で支払った。
② 松阪商店は，志摩商店に対する買掛金￥480,000を現金で支払った。なお，指定期間内の支払いであったため，支払い金額の１％の割引を受けた。

[松阪商店]

	借方科目	金　額	貸方科目	金　額
①				
②				

[志摩商店]

	借方科目	金　額	貸方科目	金　額
①				
②				

☆ **問題 3**　次の取引を仕入帳と売上帳とに記入し，締め切りなさい。

① 9月2日　明和商店から商品￥2,900,000（パソコン10台@￥150,000，プリンター20台@￥70,000）を掛けで仕入れた。なお，引取運賃￥60,000は現金で支払った。

② 5日　2日に仕入れた商品につき，￥20,000（パソコン2台@￥10,000）の値引を受けた。

③ 7日　渡会商店に商品￥1,080,000（パソコン6台@￥180,000）を売り上げ，代金のうち￥50,000は現金で受け取り，残額は掛けとした。

④ 13日　7日に売り上げた商品のうち，不良品￥180,000（パソコン1台@￥180,000）を返品された。

⑤ 17日　御浜商店から商品￥2,550,000（パソコン15台@￥170,000）を掛けで仕入れた。なお，引取運賃￥50,000は現金で支払った。

⑥ 22日　多気商店に商品￥3,525,000（パソコン10台@￥210,000，プリンター15台@￥95,000）を売り上げ，代金は掛けとした。

⑦ 24日　22日に売り上げた商品につき，￥15,000（プリンター5台@￥3,000）の値引を承諾した。

仕 入 帳

平成×年		摘　　要	内　訳	金　額

売 上 帳

平成×年		摘　　要	内　訳	金　額

☆**問題 4**　次の資料にもとづいて，①先入先出法および②移動平均法による商品有高帳への記入を示しなさい。

5月1日　前月繰越　800個　@¥200

　　4日　売り上げ　600個　@¥260

9日　仕入れ　　200個　@¥246
15日　売り上げ　300個　@¥320
22日　仕入れ　　500個　@¥280
27日　売り上げ　160個　@¥340

商品有高帳

(先入先出法)

平成×年		摘　要	受　入			払　出			残　高		
			数 量	単 価	金 額	数 量	単 価	金 額	数 量	単 価	金 額

商品有高帳

(移動平均法)

平成×年		摘　要	受　入			払　出			残　高		
			数 量	単 価	金 額	数 量	単 価	金 額	数 量	単 価	金 額

問題5　**問題4** の資料にもとづいて，総平均法による商品有高帳への記入を示しなさい。

商品有高帳

（総平均法）

平成×年		摘　要	受入 数量	受入 単価	受入 金額	払出 数量	払出 単価	払出 金額	残高 数量	残高 単価	残高 金額

問題6　次の資料について，以下の設問に答えなさい。

［資　料］

（1）期末商品の帳簿棚卸数量は200個，実地棚卸数量は196個である。

（2）期末商品の単価は，原価@￥350，時価@￥320であり，低価法を適用している。

① 棚卸減耗費の金額を求めなさい。

② 商品評価損の金額を求めなさい。

①	棚卸減耗費	￥
②	商品評価損	￥

第4章　現金預金

ポイント整理

☆1　現金勘定

通貨以外にも他人振出の小切手や郵便為替証書なども，現金として取り扱われる。

商品を売り上げ，他人振出の小切手を受け取ったとき

（借）現　　金　×××　　（貸）売　　上　×××

現金取引の明細は，現金出納帳に記入する。

現金出納帳

平成×年		摘　　要	収　入	支　出	残　高
3	1	前月繰越	250,000		250,000
	4	蒲郡商店へ仕入れ代金支払い		70,000	180,000
	7	津島商店へ商品売り上げ，小切手受け取り	60,000		240,000

☆2　現金過不足勘定

現金の帳簿残高と実際有高とが食い違うときに，帳簿残高を実際有高にあわせるために用いられる。原因が判明した時点で本来の勘定科目に振り替える。

帳簿残高＞実際有高

（借）現金過不足　×××　　（貸）現　　金　×××

帳簿残高＜実際有高

（借）現　　金　×××　　（貸）現金過不足　×××

☆3　当座預金勘定

銀行との当座取引契約にもとづき決済用に所有する無利息の預金で，小切手を振り出す

ことで引き出される。

商品を仕入れ，小切手を振り出したとき

（借）仕　　入　　×××　　　（貸）当座預金　　×××

☆ 4 当座借越勘定

銀行との間の**当座借越契約**にもとづき，**借越限度額**まで預金残高を超えて小切手を振り出すときに用いられる。

当座預金取引の明細は，当座預金出納帳に記入する。

当座預金出納帳

平成×年		摘　　要	預　入	引　出	借または貸	残　高
3	1	前月繰越	270,000		借	270,000
	2	東栄商店に買掛金支払い		300,000	貸	30,000
	8	一宮商店の売掛金回収	120,000		借	90,000

銀行勘定調整表：当座預金出納帳の記録と残高証明書とを照合し，不一致を調整するための表。

☆ 5 小口現金勘定

定額資金前渡法によって，庶務係に支給される小額の現金。

小口現金を小切手で支給したとき

（借）小口現金　　×××　　　（貸）当座預金　　×××

支払報告が行われたとき

（借）消耗品費　　×××　　　（貸）小口現金　　×××

　　　交 通 費　　×××

小口現金の補給と支出の明細は，小口現金出納帳に記入する。

小口現金出納帳

受　入	平成×年		摘　要	支　払	内　訳				残　高
					交通費	通信費	消耗品費	雑　費	
500	3	3	小切手						50,000
		5	ノート代	5,000			5,000		45,000
		6	タクシー代	12,000	12,000				33,000

練習問題

☆ 問題１ 　次の取引の仕訳を示すとともに，現金出納帳に記入し締め切りなさい。なお，前月繰越は¥830,000である。

① 10月３日　エアコン¥350,000を買い入れ，代金は現金で支払った。
② 　　６日　小牧商店から商品¥426,000を仕入れ，代金のうち¥220,000は現金で支払い，残額は掛けとした。
③ 　　９日　江南商店から，商品売買の仲介料¥72,000を郵便為替証書で受け取った。
④ 　　13日　所有する株式の中間配当として，配当金領収証¥60,000を受け取った。
⑤ 　　18日　春日井商店に商品¥290,000（原価¥240,000）を売り上げ，代金は同店振り出しの小切手で受け取った。
⑥ 　　20日　扶桑商店から商品¥328,000を仕入れ，代金のうち¥290,000は春日井商店から受け取った小切手で支払い，残額は掛けとした。
⑦ 　　22日　今月分の給料¥180,000を現金で支払った。
⑧ 　　26日　豊根商店から売掛金の回収として，送金小切手¥240,000を受け取った。

[仕　訳]

	借方科目	金　額	貸方科目	金　額
①				
②				
③				
④				
⑤				
⑥				
⑦				
⑧				

現金出納帳

平成×年		摘要	収入	支出	残高

☆**問題 2**　次の取引の仕訳を二勘定制で示すとともに，当座預金出納帳に記入し締め切りなさい。なお，当座預金の前月繰越は¥250,000であり，銀行との間に¥300,000を借越限度額とする当座借越契約を結んでいる。

① 3月4日　豊川商店から商品¥145,000を仕入れ，代金は小切手を振り出して支払った。

② 6日　今月分の家賃¥150,000を，小切手を振り出して支払った。

③ 10日　幸田商店に商品¥269,000（原価¥200,000）を売り渡し，代金のうち¥160,000は同店振り出しの小切手で受け取り，残額は掛けとした。なお，小切手はただちに当座預金に預け入れた。

④ 17日　吉良商店に対する買掛金¥138,000を，小切手を振り出して支払った。

⑤ 22日　碧南商店から売掛金¥240,000を回収し，当店が3月4日に振り出した小切手¥145,000と現金¥95,000を受け取った。

⑥ 26日　犬山商店に対する買掛金¥94,000の支払いのために，送金小切手を振り出した。

［仕　訳］

	借方科目	金　額	貸方科目	金　額
①				
②				
③				
④				
⑤				
⑥				

当座預金出納帳

平成×年		摘　要	預　入	引　出	借または貸	残　高

☆**問題３**　次の取引の仕訳を示しなさい。なお，（　）は各自考えること。

① 現金の実際有高を調べたところ，金庫のなかに以下のものが保管されていた。これに対して，現金出納帳の期末残高は¥880,000であった。

紙幣 ¥580,000　　他店振り出しの小切手 ¥270,000　　郵便切手 ¥6,000
当店振り出しの小切手 ¥66,000　　期限が到来した社債利札 ¥50,000

② 不一致の原因を調査した結果，次のことが判明した。

（1）仕入先に買掛金￥326,000を現金で支払った際に，金額を誤って￥336,000と記録していた。

（2）交通費の支払額￥24,000，水道光熱費の支払額￥54,000，手数料の受取額￥86,000が記入漏れであった。

（3）残額は原因不明であったので，雑（　　）として処理した。

		借方科目	金　額	貸方科目	金　額
①					
②	（1）				
	（2）				
	（3）				

問題4 次の資料から，銀行勘定調整表を完成しなさい。

7月31日に銀行から残高証明書を取り寄せたところ，残高は￥840,000であった。それに対して，当座預金出納帳の残高は￥876,000であった。不一致の原因を調べたところ，次のような原因が判明した。

① 仕入先に対する買掛金￥70,000を支払うために小切手を振り出したが，仕入先に渡していなかった。

② 当座預金に現金￥170,000を預け入れたが，銀行の営業時間外であったため，時間外の入金として処理されていた。

③ 得意先から売掛金￥60,000を回収し，ただちに当座預金に預け入れたが，金額を誤って￥6,000と記入していた。

④ 仕入先に対する買掛金￥55,000の支払いとして振り出した小切手が，取り付けられていなかった。

⑤ 電話代￥45,000を支払うために小切手を振り出したが，未記帳であった。

銀行勘定調整表

平成×年7月31日

		当座預金出納帳	残高証明書
	7月31日残高	¥876,000	¥840,000
（加算）			
（減算）			

☆**問題5** 次の取引を小口現金出納帳に記入し，締め切りなさい。なお，定額資金前渡法により，毎週土曜日に会計係に支払報告を行い，資金の補給を受けることになっている。

2月8日（月） 携帯電話プリペイドカード ¥15,000
9日（火） タクシー代 ¥5,600
10日（水） お茶菓子 ¥3,700
11日（木） 帳簿・筆記具 ¥2,200
12日（金） 地下鉄回数券 ¥1,600 郵便切手 ¥3,000
13日（土） 接客コーヒー代 ¥3,500

小口現金出納帳

受入	平成×年		摘要	支払	内訳				残高
					交通費	通信費	消耗品費	雑費	
50,000	2	8	前週繰越						
			合計						
		〃	本日補給						
		〃	次週繰越						
	2	15	前週繰越						

第5章　債権債務

ポイント整理

☆1　債権債務

広い意味でのお金に関する権利と義務。一般に，債権は資産，債務は負債の勘定を用いて処理する。

☆2　売掛金元帳と買掛金元帳

商店ごとに売掛金と買掛金の増減の明細を記録するための補助簿。

売掛金元帳

二上商店

平成×年		摘　要	借　方	貸　方	借または貸	残　高
2	8	売り上げ	120,000		借	120,000
	15	値　　引		10,000	〃	110,000

買掛金元帳

吉野商店

平成×年		摘　要	借　方	貸　方	借または貸	残　高
2	3	仕 入 れ		220,000	貸	220,000
	12	支 払 い	130,000		〃	90,000

☆3　貸し倒れ

売掛金などの債権が期日に回収されない場合。

将来の損失に備えて，貸倒引当金を設定するとき

（借）貸倒引当金繰入　×××　　（貸）貸倒引当金　×××

貸倒引当金を取り崩すとき

（借）貸 倒 引 当 金　×××　　（貸）売　掛　金　×××
　　　貸　倒　損　失　×××

☆3 前受金・前払金

商品の受け渡しの前に手付金（内金）を受け払いする場合に用いられる。

手付金の支払い

（借）前　払　金　×××　　（貸）現　　　金　×××

手付金の受け取り

（借）現　　　金　×××　　（貸）前　受　金　×××

☆4 未収金と未払金

建物や備品の購入・売却といった主目的以外の取引に付随する債権債務。

不用品を売却し，代金は翌週末に受け取るとき

（借）未　収　金　×××　　（貸）雑　　　益　×××

建物を購入し，代金は翌月末に支払うとき

（借）建　　　物　×××　　（貸）未　払　金　×××

5 債務保証

他店の借入金について連帯保証人となったとき

（借）保証債務見返　×××　　（貸）保証債務　×××

☆6 立替金・預り金

給料の前貸し

（借）従業員立替金　×××　　（貸）現　　　金　×××

源泉徴収額の控除

（借）給　　　料　×××　　（貸）所得税預り金　×××

　　　　　　　　　　　　　　　　現　　　金　×××

☆7 仮払金・仮受金

内容または金額が不明な現金の支出・収入。

旅費の概算額を現金で渡したとき

（借）仮　払　金　×××　　（貸）現　　　金　×××

当座預金への振込みの内容が不明のとき

(借)	当座預金	×××	(貸)	仮受金	×××

☆ 8 商品券・他店商品券

それを持参した顧客に，額面金額に相当する商品を引き渡す義務。

商品券を発行したとき

(借)	現金	×××	(貸)	商品券	×××

他店の商品券を受け取ったとき

(借)	他店商品券	×××	(貸)	売上	×××
	現金	×××			

練習問題

☆ 問題1　次の取引の仕訳を示すとともに，売掛金元帳と買掛金元帳とに記入して締め切りなさい。なお，売掛金勘定と買掛金勘定には，(　) 書きで人名勘定を併記すること。

① 12月5日　十津川商店に¥150,000，飛鳥商店に¥230,000の商品を，それぞれ掛けで売り上げた。

② 7日　山添商店から商品¥178,000を仕入れ，代金のうち¥50,000は小切手を振り出して支払い，残額は掛けとした。

③ 11日　5日に十津川商店に売り渡した商品の一部に汚損がみつかり，¥9,000の値引きをした。

④ 13日　山添商店から¥104,000，大淀商店から¥88,000の商品を，それぞれ掛けで仕入れた。

⑤ 15日　十津川商店に商品¥135,000を売り上げ，代金のうち¥30,000を同店振り出しの小切手で受け取り，残額は掛けとした。

⑥ 16日　13日に山添商店から仕入れた商品のうち，¥13,000分が品違いであったため返品し，同店に対する買掛金から差し引いた。

⑦ 24日　十津川商店に対する売掛金のうち¥230,000を，同店振り出しの小切手で回収した。

⑧ 27日　山添商店に対する買掛金のうち¥190,000，大淀商店に対する買掛金のうち¥80,000を，それぞれ小切手を振り出して支払った。

	借方科目	金　額	貸方科目	金　額
①				
②				
③				
④				
⑤				
⑥				
⑦				
⑧				

売掛金元帳
十津川商店

平成×年		摘　要	借　方	貸　方	借または貸	残　高
12	1	前月繰越	45,000		借	45,000

買掛金元帳
山添商店

平成×年		摘　要	借　方	貸　方	借または貸	残　高
12	1	前月繰越		29,000	貸	29,000

☆**問題２**　次の取引の仕訳を示しなさい。

① 売掛金の期末残高￥2,800,000に対して，３％の貸倒引当金を差額補充法によって設定する。ただし，貸倒引当金勘定の残高が￥48,000ある。

② 得意先が倒産したため，同店に対する売掛金￥200,000が回収不能となった。ただし，貸倒引当金勘定の残高が￥170,000ある。

③ 前期に貸倒れとして処理した得意先に対する売掛金￥120,000のうち，￥90,000を現金で回収した。

	借方科目	金　額	貸方科目	金　額
①				
②				
③				

☆問題3 次の取引の仕訳を，売り手と買い手の両方について示しなさい。

① 1カ月後に商品￥480,000を仕入れる契約を行い，内金として￥100,000を小切手を振り出して支払った。

② 上記商品を仕入れ，内金を差し引いた残額は，小切手を振り出して支払った。なお，引取運賃￥20,000は現金で支払った。

		借方科目	金額	貸方科目	金額
①	売				
	買				
②	売				
	買				

☆問題4 次の取引の仕訳を，売り手と買い手の両方について示しなさい。

① 商品の輸送用に自動車会社からトラック1台を￥2,500,000で購入し，代金のうち￥500,000は現金で支払い，残額は8回にわけて翌月末から毎月支払うこととした。

② 翌月末に，上記の残額のうち1カ月分を，小切手を振り出して支払った。

③ 遊休地を不動産会社に￥18,000,000で売り渡し，代金は翌月末に受け取ることとした。

④ 翌月末に，上記金額を現金で受け取った。

		借方科目	金額	貸方科目	金額
①	売				
	買				
②	売				
	買				
③	売				
	買				
④	売				
	買				

問題5 次の取引の仕訳を示しなさい。

① 取引先からの依頼により，銀行からの借入金¥1,000,000について連帯保証人となった。

② 上記借入金が返済不能になったため，延滞利息¥30,000とともに小切手を振り出して銀行に支払った。

	借方科目	金　額	貸方科目	金　額
①				
②				

☆**問題6** 次の取引の仕訳を示しなさい。

① 得意先に商品¥320,000を掛けで売り渡し，先方負担の発送運賃¥5,000は小切手を振り出して支払った。

② 従業員に対し給料の前貸しとして，現金¥70,000を渡した。

③ 従業員に総額¥420,000の給料を支給するにあたり，所得税の源泉徴収額¥90,000と前貸ししてあった¥70,000とを差し引き，手取り金を現金で支払った。

	借方科目	金　額	貸方科目	金　額
①				
②				
③				

☆**問題7** 次の取引の仕訳を示しなさい。

① 出張中の従業員から，当座預金口座に¥480,000の振り込みがあったが，その内容は不明である。

② 従業員が出張から戻り，上記の振り込み金額は，得意先からの売掛金の回収額であることが判明した。

③ 従業員の出張に際して，旅費の概算額¥220,000を現金で渡した。

④ 従業員が出張から戻り，旅費を精算したところ，現金¥40,000の返済を受けた。

	借方科目	金　額	貸方科目	金　額
①				
②				
③				
④				

☆**問題 8**　次の取引の仕訳を示しなさい。

① 商品券¥100,000を発行し，代金は現金で受け取った。

② 商品¥70,000を売り上げ，代金のうち¥50,000は当社発行の商品券，¥10,000は当店と業務提携している他店の商品券でそれぞれ受け取り，残額は現金で受け取った。

③ 商品券の精算を行い，当店が保有する他店の商品券¥30,000と，他店が保有する当店の商品券¥25,000とを交換し，差額は現金で受け取った。

	借方科目	金　額	貸方科目	金　額
①				
②				
③				

第6章　手形取引

ポイント整理

☆ 1 手形の意義と基本処理

☆（1）手形の意義と種類

手形は，企業活動において生ずる債権・債務について，決済を円滑にとり行うために用いられる証券である。約束手形と為替手形の２種類がある。

☆（2）約束手形の基本処理

約束手形とは，手形の振出人（支払人）が名あて人（受取人）に対して，支払期日に一定の金額を支払うことを約束する証券である。

＜振出人の会計処理＞

振出時	（借）	仕入など	×××	（貸）	支払手形	×××
決済時	（借）	支払手形	×××	（貸）	当座預金など	×××

＜名あて人の会計処理＞

受取時	（借）	受取手形	×××	（貸）	売上など	×××
決済時	（借）	当座預金など	×××	（貸）	受取手形	×××

☆（3）為替手形の基本処理

為替手形とは，手形の振出人が名あて人（支払人・引受人）に対して，振出人に代わって受取人（指図人）に支払期日に一定の金額を支払うことを委託する証券である。

＜振出人の会計処理＞

振出時	（借）	仕入など	×××	（貸）	売掛金など	×××
決済時		仕訳なし				

＜名あて人の会計処理＞

引受時	（借）	買掛金など	×××	（貸）	支払手形	×××
決済時	（借）	支払手形	×××	（貸）	当座預金など	×××

＜受取人の会計処理＞

受取時	(借)	受取手形	×××	(貸)	売上など	×××
決済時	(借)	当座預金など	×××	(貸)	受取手形	×××

☆2 手形の裏書と割引

☆（1）手形の裏書

手形の裏書は，他人から受け取った約束手形もしくは為替手形を，支払期日までの間に，商品代金の支払いなどの目的で他人に譲渡することである。

＜裏書人の会計処理＞	(借)	仕入など	×××	(貸)	受取手形	×××
＜被裏書人の会計処理＞	(借)	受取手形	×××	(貸)	売上など	×××

☆（2）手形の割引

手形の割引は，他人から受け取った約束手形もしくは為替手形を，支払期日よりも前に銀行へ持ち込み，利息に相当する割引料を支払った上で換金することである。

(借)	当座預金など	×××	(貸)	受取手形	×××
	手形売却損	×××			

☆3 手形記入帳

手形債権者が，自己の有する手形債権に関する取引の明細を記録するために利用する補助簿が受取手形記入帳である。また，手形債務者が，自己の負う手形債務に関する取引の明細を記録するために使用する補助簿が支払手形記入帳である。

4 手形の不渡りと偶発債務

（1）手形の不渡り

手形の不渡りとは，支払期日に手形債務者による支払いが行われないことである。不渡りとなった手形は不渡手形勘定で処理し，償還請求にともなう利息や諸費用もこの勘定で処理する。

＜所持している手形が不渡りとなった場合の会計処理＞

不渡り時	(借)	不渡手形	×××	(貸)	受取手形	×××
償還費用支払時	(借)	不渡手形	×××	(貸)	現金など	×××
償還時	(借)	当座預金など	×××	(貸)	不渡手形	×××

<裏書譲渡した手形などの償還請求に応じた場合の会計処理>

償還時	（借）不渡手形	×××	（貸）当座預金など	×××

（2）偶発債務

手形を所持する者が手形を裏書や割引に付しても，当該手形が不渡りになった場合には，本来の手形債務者に代わって手形代金を支払うべき二次的責任（遡求義務）を負わなければならない。このような二次的責任を偶発債務といい，時価で評価した上で保証債務勘定で処理する。

<保証債務発生時の会計処理>

（借）保証債務費用	×××	（貸）保証債務	×××

<保証債務消滅時の会計処理>

（借）保証債務	×××	（貸）保証債務取崩益	×××

☆ 5 手形の更改・金融手形

（1）手形の更改

手形の更改は，手形債務者が支払期日に資金の手当てができない場合，より先の日付を支払期日とした手形を振り出し，これを古い手形と交換することである。手形の更改に際しては，一般に手形債務者から手形債権者に利息が支払われる。

☆（2）金融手形

資金の貸借目的で利用する手形を特に金融手形という。金融手形に関する手形債権・債務は手形貸付金勘定・手形借入金勘定で処理する。

練習問題

☆**問題1** 次の約束手形に関する一連の取引について，振出人・名あて人それぞれの立場で行われる仕訳を示しなさい。

① 3月10日，秋山商店は正岡商店より商品￥600,000を仕入れ，代金のうち￥200,000は小切手を振り出して支払い，残額は約束手形（手形番号：11，振出日3月10日，支払期日4月30日，支払場所　坂之上銀行）を振り出した。

② 4月30日，上記の約束手形について支払期日が到来し，秋山商店は取引銀行より，手形代金が当座預金より引き落とされ正岡商店の当座預金口座に振り込まれた旨の連絡を受けた。

＜振出人（　　　　）商店の仕訳＞

	借方科目	金　額	貸方科目	金　額
①				
②				

＜名あて人（　　　　）商店の仕訳＞

	借方科目	金　額	貸方科目	金　額
①				
②				

☆**問題2** 次の為替手形に関する一連の取引について，振出人・名あて人・受取人それぞれの立場で行われる仕訳を示しなさい。なお，仕訳が不要な場合には，「仕訳なし」と書くこと。

① 4月14日，芝商店は正岡商店より商品￥500,000を仕入れ，代金の支払いのため，かねて売掛金のある秋山商店あて為替手形￥500,000（手形番号：25，振出日4月14日，支払期日5月31日，支払場所　雲田銀行）を振り出し，秋山商店の引き受けを得て正岡商店に交付した。なお，秋山商店は芝商店に対して買掛金￥500,000がある。

② 5月31日，秋山商店は取引銀行より，上記の為替手形について手形代金が当座預金より引き落とされ正岡商店の当座預金口座に払い込まれた旨の連絡を受けた。

＜振出人（　　　　）商店の仕訳＞

	借方科目	金　額	貸方科目	金　額
①				
②				

＜名あて人（　　　　）商店の仕訳＞

	借方科目	金　額	貸方科目	金　額
①				
②				

＜受取人（　　　　）商店の仕訳＞

	借方科目	金　額	貸方科目	金　額
①				
②				

☆**問題３**　手形記入帳に関する次の各設問に答えなさい。

①　問題１ および 問題２ の取引について，解答用紙の受取手形記入帳を正岡商店の立場で作成しなさい。

受取手形記入帳

平成×年		摘　要	金　額	手形種類	手形番号	支払人	振出人または裏書人	振出日		満期日		支払場所	てん末		
													月	日	摘　要

②　問題１ および 問題２ の取引について，解答用紙の支払手形記入帳を秋山商店の立場で作成しなさい。

支払手形記入帳

平成×年		摘　要	金　額	手形種類	手形番号	受取人	振出人	振出日		満期日		支払場所	てん末		
													月	日	摘　要

☆**問題４**　次の為替手形に関する各取引について，それぞれの商店の立場からの仕訳を示しなさい。

①　熊谷商店は，稲垣商店より商品￥400,000を仕入れ，代金は熊谷商店（自己）あての為替手形を振り出し，これを引き受けて稲垣商店に渡した。

②　武田商店は，藤松商店に商品￥300,000を売り渡し，代金は武田商店（自己）受け取りの為替手形を振り出し，藤松商店はこれを引き受けた。

		借方科目	金額	貸方科目	金額
①	熊谷商店				
	稲垣商店				
②	武田商店				
	藤松商店				

☆ **問題5** 次の各取引について，仕訳を示しなさい。なお，①および②については，手形の裏書人と被裏書人それぞれの立場からの仕訳を示すとともに，仕訳が不要な場合には「仕訳なし」と書くこと。

① 稲生商店は佐久間商店より商品￥700,000を仕入れ，代金のうち￥200,000はすでに支払い済みの前払金を充当し，残額はかねて秋山商店より受け取っていた稲生商店あて約束手形￥500,000を佐久間商店に裏書譲渡した。

② 上記の手形が決済され，佐久間商店の当座預金口座に入金された。

③ 大原商会はかねて受け取っていた加藤商店あて約束手形￥500,000を取引銀行で割り引き，割引料￥1,500を差し引かれ，残額は当座預金とした。

		借方科目	金額	貸方科目	金額
①	裏書人 (　　)商店				
	被裏書人 (　　)商店				
②	裏書人 (　　)商店				
	被裏書人 (　　)商店				
③					

問題6 次の一連の取引について，正岡商店の立場からの仕訳を示しなさい。

① 5月12日，正岡商店はかねて志津田商店より受け取っていた正岡商店あて約束手形￥400,000（振出日5月1日，支払期日6月30日）を取引銀行で割り引き，割引料を差し引かれ，残額は当座預金とした。なお，割引料は年利率7.3％で手形の割引日から満期日までの日割りにより計算すること。また，手形の割引にともなう保証債務の時価は手形額面の2％である。

② 6月30日，上記の手形が不渡りとなったため，正岡商店は取引銀行より手形代金￥400,000および償還費用￥500の償還請求を受け，全額当座預金より支

払った。正岡商店では直ちに志津田商店に対して取引銀行への支払額¥400,500に償還費用¥1,000を加えた¥401,500を償還請求した。なお正岡商店では償還費用を現金で支払っている。

③ 7月31日，志津田商店の倒産にともない正岡商店は上記の不渡手形を貸倒れとして処理した。なお，正岡商店は当該不渡手形について貸倒引当金を設定していない。

	借方科目	金額	貸方科目	金額
①				
②				
③				

☆ 問題7 次の各取引について，それぞれの商店の立場で仕訳を示しなさい。

① 人見商店は資金繰りが苦しくなったため，さきに花田商店に振り出した約束手形¥500,000について，手形の更改を申し入れ了承を得たため，利息¥500を手形金額に加えた新手形を振り出し，これと旧手形を交換した。

☆② 成田商店は林商店振り出しの約束手形を受け取って林商店に¥100,000を貸し付けた。なお，貸し付けに際しては利息¥1,000を差し引き，残額を成田商店の当座預金から林商店の当座預金口座に振り込んだ。

		借方科目	金額	貸方科目	金額
①	人見商店				
	花田商店				
②	成田商店				
	林商店				

第7章　有価証券

ポイント整理

☆ 1　有価証券の意義と分類

有価証券とは，広義には法律上認められる何らかの権利を表象する証券をいい，さまざまなものがあるが，代表的なものとして，株券，社債券，国債・地方債証券（公債証券）などがある。有価証券は，保有目的により売買目的有価証券勘定や満期保有目的債券勘定などで処理される。

☆ 2　売買目的有価証券の基本処理

☆（1）取　得

売買目的有価証券を取得した場合には，取得原価をもって処理する。取得原価は，購入代価と購入に要した手数料等の付随費用の合計金額である。

☆（2）売　却

売買目的有価証券を売却した場合には，帳簿価額と売却価額との差額を有価証券売却益勘定もしくは有価証券売却損勘定で処理する。同一銘柄の有価証券を数回にわたり取得している場合には，帳簿価額は平均原価法により算出された単価にもとづいて計算する。

帳簿価額 ＞ 売却価額の時

（借）	現金など	×××	（貸）	売買目的有価証券	×××
	有価証券売却損	×××			

帳簿価額 ＜ 売却価額の時

（借）	現金など	×××	（貸）	売買目的有価証券	×××
				有価証券売却益	×××

☆（3）期末の評価替え

決算日に保有する売買目的有価証券は，決算日の時価をもって貸借対照表価額とする。

帳簿価額 ＞ 時価の時

（借）有価証券評価損　×××　　（貸）売買目的有価証券　×××

帳簿価額 ＜ 時価の時

（借）売買目的有価証券　×××　　（貸）有価証券評価益　×××

☆ 3 配当金と利息

配当金受取時	（借）	現　　金	×××	（貸）	受取配当金	×××
利息受取時	（借）	現　　金	×××	（貸）	有価証券利息 （または受取利息）	×××

4 満期保有目的債券の基本処理

（1）取　得

満期保有目的債券を取得した場合には，取得原価をもって処理する。

（2）期末の評価替え（償却原価法）

＜当期償却額の計算（定額法）＞

（債券金額 － 取得価額）×当期の保有月数／取得から償還までの月数 ＝ 当期償却額

＜償却（評価替え）の会計処理＞

債券金額 ＞ 取得価額の場合

（借）満期保有目的債券　×××　　（貸）有価証券利息　×××

債券金額 ＜ 取得価額の場合

（借）有価証券利息　×××　　（貸）満期保有目的債券　×××

5 有価証券に関するその他の諸論点

（1）売買目的有価証券の洗替法と切放し法

売買目的有価証券は期末に時価により評価替えされるが，翌期首に洗い替えを行う洗替法と洗い替えを行わない切放し法の2つの処理方法がある。洗い替えは，期末の評価替えの反対仕訳となる。

（2）端数利息

公社債の売買が利払日以外の日に行われた場合，売買日直前の利払日の翌日から売買日までの利息（端数利息）について，買い手が売り手に利息を立て替え払いすることで精算される。端数利息は売り手・買い手ともに有価証券利息勘定に記帳する。

（3）有価証券の差入れ・預かり

有価証券を担保などに差し入れた場合には，差入有価証券勘定に振り替える。一方，有価証券を預かった場合には，預かった有価証券を時価で評価したうえで，保管有価証券勘定の借方と預り有価証券勘定の貸方に記入する。

（4）有価証券の貸借

有価証券を貸し付けた場合には，有価証券を貸付有価証券勘定に振り替える。一方，借り手は当該有価証券を時価で評価したうえで，保管有価証券勘定の借方と借入有価証券勘定の貸方に記入する。

練習問題

☆**問題1** 次の一連の取引について，仕訳を示しなさい。なお，当社では売買目的有価証券について，移動平均法により単価の計算を行っている。

① 売買目的により，㈱広瀬産業の株式1,000株を１株￥940で購入し，代金は買入手数料￥10,000とともに小切手を振り出して支払った。なお，当社はこれ以前に有価証券は一切保有していない。

② 売買目的により，㈱広瀬産業の株式500株を１株￥970で購入し，代金は買入手数料￥5,000とともに小切手を振り出して支払った。

③ 保有する㈱広瀬産業の株式500株を１株￥1,000で売却し，代金は現金で受け取った。

④ 保有する㈱広瀬産業の株式1,000株について，１株￥50の配当金を受け取り，ただちに当座預金に預け入れた。

⑤ 決算にあたり，保有する売買目的有価証券の評価替えを行う。決算日の㈱広瀬産業の株式の時価は１株￥990であった。

	借方科目	金額	貸方科目	金額
①				
②				
③				
④				
⑤				

問題2 問題1 ⑤の決算日の翌日の仕訳について，次の設問に答えなさい。なお，仕訳が不要な場合には，解答欄に「仕訳なし」と記入すること。

① 当社が洗替法を採用している場合の仕訳を示しなさい。

② 当社が切放し法を採用している場合の仕訳を示しなさい。

	借方科目	金額	貸方科目	金額
①				
②				

問題3 次の一連の取引について，仕訳を示しなさい。

① 平成×１年10月１日，満期まで保有する目的で額面￥200,000の㈱八代運輸社債を１口￥94で購入し，代金は小切手を振り出して支払った。なお，この社債の利払日は６月と12月の各末日，年利率は１％，償還日は本日より３年後である。また，債券金額と取得価額の差額の性格は金利の調整と認められる。

② 平成×1年12月31日，決算日。なお，保有する㈱八代運輸社債の利払日が到来し，利息を受け取り，ただちに当座預金に預け入れた。

	借方科目	金　額	貸方科目	金　額
①				
②				

問題４ 次の一連の取引について，仕訳を示しなさい。

① 平成×2年8月9日，売買目的で額面￥100,000の㈱飯牟禮産業の社債を1口￥98で購入し，代金は端数利息とともに現金で支払った。なお，この社債の年利率は7.3％，利払日は6月末と12月末の年2回である。また，端数利息の計算は日割りにより計算すること。

② 平成×2年12月31日，利払日につき，上記社債の利息を現金で受け取った。

	借方科目	金　額	貸方科目	金　額
①				
②				

問題５ 次の各取引について，各商店の立場からの仕訳を示しなさい。なお，①と②および③と④はそれぞれ一連の取引である。

① 山地商店は明石商店より現金￥200,000を借り入れ，その担保として，売買目的で保有している株式（帳簿価額：￥220,000，時価：￥200,000）を差し入れた。

② 返済期日となったので，山地商店は明石商店に現金￥200,000を返済し，差し入れてあった株式の返還を受けた。

③ 豊島商店は大庭商店に売買目的で保有している株式（帳簿価額：￥120,000，時価：￥150,000）を貸し付けた。

④ 期日となったので，豊島商店は大庭商店より貸し付けてあった株式の返還を受けた。

		借方科目	金　額	貸方科目	金　額
①	山地商店				
	明石商店				
②	山地商店				
	明石商店				
③	豊島商店				
	大庭商店				
④	豊島商店				
	大庭商店				

第8章　有形固定資産

ポイント整理

☆1　有形固定資産の意義と種類

有形固定資産とは，固定資産のうち物理的形態を有するものをいい，代表的なものとして，建物，備品，車両運搬具，土地などがある。このほかに，特殊な有形固定資産として建設仮勘定がある。

☆2　有形固定資産の取得

有形固定資産を取得した場合には，取得原価をもって有形固定資産を示す具体的名称を付した勘定（建物勘定，備品勘定，車両運搬具勘定，土地勘定など）で処理する。取得原価は，有形固定資産の購入代価と購入にあたって必要となった手数料等の付随費用の合計金額である。

☆3　有形固定資産の減価償却

☆（1）減価償却

減価償却とは，有形固定資産の取得原価を，一定の仮定にもとづいて規則的に毎期の費用として配分する手続きである。

☆（2）減価償却の計算方法

減価償却の計算方法は，いずれの方法も，取得原価，使用可能な年数（耐用年数），使用後に残存する処分価額（残存価額）の３つを基本的な計算要素として計算が行われる。なお，有形固定資産の期中の使用が１年に満たないときには月割計算を行う。

☆①　定額法　　定額法による毎期の減価償却費＝$\dfrac{\text{(取得原価－残存価額)}}{\text{耐用年数}}$

② 定率法　定率法による毎期の減価償却費＝期首の帳簿価額×償却率

$$償却率＝1－耐用年数\sqrt{\frac{残存価額}{取得原価}}$$

③ 生産高比例法　生産高比例法による毎期の減価償却費

$$＝(取得原価－残存価額)×\frac{当期利用量}{総利用可能量}$$

☆（3）減価償却の記帳方法

直接法	（借）減価償却費	×××	（貸）建物など	×××
間接法	（借）減価償却費	×××	（貸）減価償却累計額	×××

☆ 4 有形固定資産の除却

☆① 売　却

帳簿価額＞売却価額の時

（借）現金など	×××	（貸）建物など	×××
減価償却費	×××		
減価償却累計額	×××		
固定資産売却損	×××		

帳簿価額＜売却価額の時

（借）現金など	×××	（貸）建物など	×××
減価償却費	×××	固定資産売却益	×××
減価償却累計額	×××		

② 買い換え

旧資産の売却と新資産の取得を同時に行ったと考えて処理する。買い換えの際に旧資産が下取りされるときには，下取り価額を旧資産の売却価額と考えて処理する。

③ 廃　棄

帳簿価額により処理した上で，借方差額は固定資産廃棄損勘定で処理する。

④ 保　管

用途から外した後も，処分せず保管する場合には，有形固定資産の処分可能価額を見積もり，これを貯蔵品勘定で処理する。帳簿価額と処分可能価額の差額は固定資産除却損勘定で処理する。

5 有形固定資産に関するその他の諸論点

（1）建設仮勘定

建設や製作の途中で代金の一部を支払った場合や材料を消費した場合などは，その金額を建設仮勘定で処理する。なお，建設仮勘定には減価償却は行わない。

（2）資本的支出と収益的支出

資本的支出（改良）を行った際には，当該支出額を有形固定資産の帳簿価額に加える。また，収益的支出（修繕）を行った際には，修繕費勘定で処理する。

（3）災害等による滅失

災害等により有形固定資産が滅失した場合には，損失額を災害損失勘定などで処理する。滅失した有形固定資産に保険を付している場合には，損失額をいったん災害未決算勘定などで処理し，保険金額が決定した段階で未決算勘定から未収金勘定等に振り替える。保険金額と損失額に差額があれば，災害損失勘定など（借方差額）あるいは保険差益勘定（貸方差額）で処理する。

練習問題

☆ 問題1 次の一連の取引について，仕訳を示しなさい。

① ×1年1月1日，建物¥950,000を購入し，代金は小切手を振り出して支払った。なお，建物の購入時に購入手数料等として¥50,000を別途現金で支払っている。

② ×1年12月31日，決算に際し，上記建物について定額法により減価償却を行う。なお，建物の耐用年数は30年，残存価額は取得原価の10％である。また，記帳方法は間接法によること。

③ ×2年6月30日，上記の建物を¥900,000で売却し，代金は翌月に受け取ることとした。

	借方科目	金　額	貸方科目	金　額
①				
②				
③				

問題2 次の一連の取引について，仕訳を示しなさい。

① ×2年1月1日，備品¥130,000を購入し，代金は小切手を振り出して支払った。なお，備品の購入時に据え付け費¥20,000を別途現金で支払っている。

② ×2年12月31日，決算に際し，上記備品について定率法により減価償却を行う。なお，備品の償却率は20%である。また，記帳方法は間接法によること。

③ ×3年6月30日，上記備品について¥200,000の新しい備品と買い換えを行った。なお，この買い換えにともない，旧備品は¥100,000で下取りされており，新しい備品の価格との差額は小切手で支払った。

	借方科目	金　額	貸方科目	金　額
①				
②				
③				

問題3　問題2 ③について，新しい備品との買い換えを行わず，旧備品を除却し保管する場合の仕訳を示しなさい。なお，備品の処分価額は¥100,000と見積もられたものとする。

借方科目	金額	貸方科目	金額

問題4　次の一連の取引について，仕訳を示しなさい。

① ×3年8月1日，鉱業用備品の製作を依頼し，代金の一部¥100,000を小切手を振り出して前払いした。

② ×4年1月1日，上記備品が完成し引き渡しを受けた。なお，引き渡し時に代金の残額¥500,000を小切手を振り出して支払った。

③ ×4年12月31日，決算に際して，上記備品について生産高比例法により減価償却を行う。なお，この備品が使用されている鉱山の鉱物資源の推定埋蔵量は3,000万トンであり，当期の採掘量は500万トンであった。また，備品の残存価額は取得原価の10％である。記帳方法は間接法によること。

④ ×5年3月31日，採掘中に地下水が湧出し，上記備品が水没したため廃棄した。なお，当期首から同日までの採掘量は100万トンであった。

	借方科目	金額	貸方科目	金額
①				
②				
③				
④				

問題5　次の取引について，仕訳を示しなさい。

建物の修繕に際して，近隣住人からのたび重なるクレームに対応し，防音と景観に配慮した大幅な改良を加え，工事代金¥400,000を現金で支払った。なお，この工事代金のうち70％（¥280,000）が改良に関する支出であると見積もられた。

借方科目	金　額	貸方科目	金　額

問題 6　次の一連の取引について，仕訳を示しなさい。

① ×8年6月30日，かねて近隣で放火による火災が続いていたため警戒を重ねていたが，本日不審火により建物が全焼した。焼失した建物については，保険会社との間に火災保険契約¥1,000,000を締結しており，火災後ただちに保険金の請求を行っている。
なお，焼失した建物は取得から前期末（×7年12月31日）までに18年が経過しており，取得原価は¥2,000,000，耐用年数は30年，残存価額は取得原価の10%，定額法による減価償却を行っている。また，記帳方法は間接法によるものとし，過年度の減価償却は適正に行われている。

② ×8年9月1日，調査の結果，巧妙な放火による無過失の火災と判明したため，保険会社より保険金¥1,000,000の全額を支払う旨の連絡があった。

③ ×8年9月10日，保険金額¥1,000,000全額が当座預金口座に入金された。

	借方科目	金　額	貸方科目	金　額
①				
②				
③				

第9章　無形固定資産と繰延資産

ポイント整理

1 無形固定資産の意義と種類

無形固定資産とは，固定資産であって物理的形態をもたないものをいい，法律等で認められる権利である特許権，商標権，実用新案権，意匠権，著作権，借地権，鉱業権などと，企業にとって経済的価値を有するのれんなどがある。

2 無形固定資産の基本処理

（1）取　得

のれんを除く無形固定資産を取得した場合には，取得原価をもって特許権勘定，商標権勘定などで処理する。取得原価は，無形固定資産の取得に直接要した支出額と取得にともなう付随費用の合計金額である。

（2）のれんの認識

のれんは，企業の有する超過収益力の原因要素である。現行の制度においては，企業内部で創設された自己創設のれんについては認識せず，事業の買収や合併などにより外部から取得した買い入れのれんのみ認識する。のれんはのれん勘定で処理する。

（3）償　却

償却の計算は，無形固定資産の有効とされる期間を限度として耐用年数を決定し，残存価額をゼロとした定額法によって行う。ただし鉱業権については，対象となっている鉱山の総採掘可能量を推定したうえで，生産高比例法による償却が行われることもある。また，のれんについては，原則として20年以内の効果の及ぶ期間にわたり，定額法等合理的な方法により償却する。無形固定資産の償却時の借方科目は，対象となっている無形固定資産名に償却と付した勘定科目が用いられる。

（借） 特許権償却など　×××　　　（貸） 特許権など　×××

3 繰延資産の意義と種類

繰延資産とは，すでに代価の支払いが完了しまたは支払義務が確定し，これに対応する役務の提供を受けたにもかかわらず，その効果が将来にわたって発現するものと期待される費用をいう。現行制度においては，原則として発生時に費用処理することとし，創立費，開業費，開発費，株式交付費，社債発行費の５つに限っては繰延資産として貸借対照表へ計上することを容認している。

4 繰延資産の基本処理

（1）支出時

繰延資産に関する支出を行った際には，当該繰延資産を示す創業費勘定，開業費勘定，開発費勘定（いずれも資産）などで処理する。なお，会社設立時の株式発行のための費用は創業費となり，会社設立後の株式発行のための費用は株式交付費となる。

（2）償　却

繰延資産についても無形固定資産と同様に償却を行う。償却方法や償却期間は制度上定められており，下の図表のとおりである。また記帳方法は直接法による。なお，償却時の借方科目は，対象となっている繰延資産名に償却と付した勘定科目が用いられる。

名　称	償却方法	償却期間
創立費	定額法	５年以内
開業費	定額法	５年以内
開発費	定額法その他 合理的な方法	５年以内
株式交付費	定額法	３年以内
社債発行費	利息法または 定額法	社債の 償還期間内

（借） 創立費償却など　×××　　　（貸） 創立費など　×××

練習問題

問題1　次の各取引について，仕訳を示しなさい。

① ㈱財部商会は，マスコットキャラクター『腹ペコふと～るクン』の意匠権を著作者より¥300,000で買い取り，代金は小切手を振り出して支払った。

② ㈱財部商会は，決算にあたり，取得原価¥300,000の意匠権を定額法により20年間で償却した。

③ ㈱伊地知鉱産は，鉱山の採掘権を¥1,000,000で取得し，代金は後日支払うこととした。

④ ㈱伊地知鉱産は，決算にあたり，取得原価¥1,000,000の鉱山の採掘権を生産高比例法により償却する。なお，この鉱山の推定埋蔵量は200万トンであり，当期の採掘量は10万トンであった。

	借方科目	金　額	貸方科目	金　額
①				
②				
③				
④				

問題2　次の一連の取引について，仕訳を示しなさい。

① ㈱東郷商事は，㈱山本産業より事業を買収し，その代金として¥2,500,000を小切手で支払った。なお，買収により引き継いだ諸資産の時価は¥5,300,000，諸負債の時価は¥3,000,000であった。

② ㈱東郷商事は，買収終了後のはじめての決算にあたり，この買収により生じたのれんを償却した。なお，のれんは無形固定資産として計上されており，定額法により20年間で償却するものとする。

	借方科目	金　額	貸方科目	金　額
①				
②				

問題３　次の一連の取引について，仕訳を示しなさい。

① ㈱下瀬化学は，新技術の開発のために¥500,000を現金により支出し，これを繰延資産として計上した。

② ㈱下瀬化学は，①の支出を行った後のはじめての決算にあたり，計上した繰延資産を定額法により５年で償却した。

	借方科目	金　額	貸方科目	金　額
①				
②				

第10章　引当金と社債

ポイント整理

1 引当金の意義と種類

引当金とは，将来の資産の減少や負債の増加が高い可能性をもって予想され，その発生原因が当期以前の事象にあり，金額を合理的に見積もることができる場合に，当期に負担すべき金額を費用として計上するために生じる貸方項目である。

引当金の区分	例
評価性引当金	貸倒引当金
負債性引当金	修繕引当金 賞与引当金 退職給付引当金 商品保証引当金 など

2 引当金の基本処理

（1）引当金の繰入

＜負債性引当金一般の会計処理＞

（借）○○引当金繰入　×××　（貸）○○引当金　×××

＜退職給付引当金の会計処理＞

（借）退職給付費用　×××　（貸）退職給付引当金　×××

（2）引当金の取り崩し

＜引当金の対象となった事象が生じた場合の会計処理＞

（借）○○引当金　×××　（貸）現金など　×××

＜引当金の対象となった事象が生じないことが明らかになった場合の会計処理＞

（借） 引 当 金　×××　（貸） ○○引当金戻入　×××

3 社債の意義

社債とは，会社が外部から長期にわたり多額の資金を調達する目的で，社債券の発行をともなう金銭の借り入れを行った際に負う債務である。社債には，普通社債のほか，一定の条件で株式に転換できる権利が付与された転換社債や新株を引き受ける権利が付与された新株引受権付社債がある。

4 社債の基本処理

（1）発　行

＜社債発行の会計処理＞

（借） 当座預金など　×××　（貸） 社　債　×××

＜社債発行費の会計処理＞

（借） 社 債 発 行 費　×××　（貸） 現金など　×××

社債発行費は，当該会計期間の費用または繰延資産として処理する。

（2）利息の支払い

（借） 社債利息　×××　（貸） 当座預金など　×××

（3）期末の処理（償却原価法）

＜当期償却額の計算（定額法）＞

当期償却額＝(額面金額－発行価額)×当期の発行月数／発行から償還までの月数

＜償却の会計処理＞

額面金額＞発行価額の場合

（借） 社債利息　×××　（貸） 社　債　×××

額面金額＜発行価額の場合

（借） 社　債　×××　（貸） 社債利息　×××

（4）償　還

発行した社債について，債務の返済を行うことを償還という。社債の償還には，満期償還や買入償還などがある。

① 満期償還

（借）	社　　　債	×××	（貸）	当座預金など	×××

② 買入償還

社債の帳簿価額＞買入価額の場合

（借）	社　　　債	×××	（貸）	当座預金など	×××
				社債償還益	×××

社債の帳簿価額＞買入価額の場合

（借）	社　　　債	×××	（貸）	当座預金など	×××
	社債償還損	×××			

練習問題

問題１　次の各取引について，仕訳を示しなさい。

① 決算にあたり，修繕引当金の当期繰入額￥150,000を計上した。

② 備品を除却したため，予定されていた修繕が中止となった。そのため，修繕のために設定されていた修繕引当金￥150,000を取り崩した。

③ 決算にあたり，賞与引当金の当期繰入額￥200,000を計上した。

④ 従業員に賞与￥450,000を小切手を振り出して支払った。なお，この賞与の支払いのために賞与引当金￥200,000が設定されていたため，これを取り崩した。

⑤ 決算にあたり，退職給付引当金の当期繰入額￥300,000 を計上した。

	借方科目	金額	貸方科目	金額
①				
②				
③				
④				
⑤				

問題２　次の一連の取引について，仕訳を示しなさい。

① 平成×1年１月１日，㈱川上通商（決算日：12月31日）は，額面金額￥1,000,000の社債を，発行価額@￥100で発行し，全額の払い込みを受け，ただちに当座預金に預け入れた。この社債の発行条件は，年利率１％，利払日は６月と12月の各末日，償還期間３年である。なお，この社債発行のための諸費用￥30,000を小切手を振り出して支払い，繰延資産として処理した。この繰延資産は，制度上認められた最長期間にわたり毎期均等額を償却する。

② 平成×1年12月31日，上記の社債の利払日が到来したため，当座預金により支払った。
なお，本日は決算日であるため，社債発行に関する繰延資産について償却を行った。

③ 平成×3年12月31日，上記の社債の償還期限が到来したため償還を行い，全額当座預金より支払った。

	借方科目	金額	貸方科目	金額
①				
②				
③				

問題3 次の一連の取引について，仕訳を示しなさい。

① 平成×2年1月1日，㈱乃木通運（決算日：12月31日）は，額面金額¥1,000,000の社債を，発行価額@¥94で発行し，全額の払い込みを受け，直ちに当座預金に預け入れた。この社債の発行条件は，年利率1％，利払日は6月と12月の各末日，償還期間3年である。

② 平成×2年12月31日，上記の社債の利払日が到来したため，当座預金により支払った。
なお，本日は決算日であるため，発行価額と額面金額の差額を定額法によって償却する。

③ 平成×4年12月31日，上記の社債の利払日が到来したため，当座預金により支払った。また，同日，償還期限が到来したため償還をおこない，全額当座預金により支払った。

	借方科目	金額	貸方科目	金額
①				
②				
③				

問題4 次の一連の取引について，仕訳を示しなさい。

① 平成×3年1月1日，㈱児玉商事（決算日：12月31日）は，額面金額¥1,000,000の社債を，発行価額@¥95で発行し，全額の払い込みを受け，ただちに当座預金に預け入れた。この社債の償還期間は5年であり，額面金額に対する利息については無視するものとする。

② 平成×3年12月31日，決算にあたり，発行価額と額面金額の差額を定額法によって償却する。

③ 平成×4年6月30日，上記の社債すべてを@¥97で買入償還し，代金は小切手

を振り出して支払った。

	借方科目	金　額	貸方科目	金　額
①				
②				
③				

問題5　問題4 の社債について，③の平成×4年6月30日の買入償還時の買入額が@¥96であったときの仕訳を示しなさい。なお，代金は小切手を振り出して支払ったものとする。

借方科目	金　額	貸方科目	金　額

第11章　純資産

ポイント整理

☆1　純資産の意義

純資産とは，資産と負債の差額であり，当該企業に対する出資者の持分その他をあらわす。また，持分とは，出資者が払い込んだ元手（払込資本）と元手により稼ぎ出したもうけ（留保利益）をいう。

☆2　個人企業における純資産と基本処理

個人企業の純資産は，資本金勘定で処理する。資本主（出資者）による資本の引き出しとその返還については，期中には資本金勘定と区別して引出金勘定により処理することがある。

＜資本の元入れ・引き出しの会計処理：資本金勘定のみで処理する場合＞

元入れ時	（借）	現金など	×××	（貸）	資本金	×××
引き出し時	（借）	資本金	×××	（貸）	現金など	×××
返還時	（借）	現金など	×××	（貸）	資本金	×××
決算時		仕訳なし				

＜資本の元入れ・引き出しの会計処理：引出金勘定を使用する場合＞

元入れ時	（借）	現金など	×××	（貸）	資本金	×××
引き出し時	（借）	引出金	×××	（貸）	現金など	×××
返還時	（借）	現金など	×××	（貸）	引出金	×××
決算時	（借）	資本金	×××	（貸）	引出金	×××

＜当期純利益の振り替えの会計処理＞

決算時	（借）	損益	×××	（貸）	資本金	×××

3 株式会社における純資産

株式会社における純資産は，株主（出資者）の持分である株主資本とそれ以外の項目であるその他の純資産に区分される。株主資本は会社法等の規定によって資本金，資本剰余金，利益剰余金に区分され，さらに資本剰余金は資本準備金とその他資本剰余金に，利益剰余金は利益準備金とその他利益剰余金（任意積立金と繰越利益剰余金）に区分される。

4 株式の発行

（1）株式会社の設立

会社設立時の株式発行により財産が払い込まれたときには，原則としてその全額を資本金勘定で処理するが，払い込み額の$\frac{1}{2}$を超えない金額を資本準備金勘定（もしくは株式払込剰余金勘定）で処理することも認められている。なお，会社設立時には，定款作成費や株式の発行費用などについて創立費として処理する（第9章参照）。

（借）	当座預金など	×××	（貸）	資本金	×××

（2）通常の新株発行

会社設立後の新株発行でも，資本金の組み入れについては会社設立時と同様である。なお，新株発行時には，募集のための諸費用や証券会社に対する手数料などについて株式交付費として処理する（第9章参照）。

払込時	（借）	別段預金など	×××	（貸）	株式申込証拠金	×××
払込期日	（借）	株式申込証拠金	×××	（貸）	資本金	×××

（3）会社の合併

会社の合併に際して新株発行が行われる場合には，資本金組み入れに関する制約は無い。なお，合併の際にはのれんが認識されることがある。

＜合併時の会計処理＞

（借）	諸資産	×××	（貸）	諸負債	×××
	のれん	×××		資本金	×××
				資本準備金	×××
				その他資本剰余金	×××

5 株式会社の利益の振替え

株式会社では，当期純利益（純損失）は繰越利益剰余金勘定に振り替える。

（借）	損　　益	×××	（貸）	繰越利益剰余金	×××

6 剰余金の配当と処分

剰余金の配当時には，以下の金額が法定準備金（資本準備金および利益準備金）として積み立てられる。

・配当額× $\frac{1}{10}$
・資本金× $\frac{1}{4}$ −（利益準備金 ＋ 資本準備金）

いずれか小さい金額

<剰余金の配当と処分の会計処理>

決議時	（借）	繰越利益剰余金	×××	（貸）	未払配当金	×××
					利益準備金	×××
					別途積立金など	×××
支払時	（借）	未払配当金	×××	（貸）	当座預金など	×××

<任意積立金などの取り崩しの会計処理>

決議時	（借）	別途積立金など	×××	（貸）	繰越利益剰余金など	×××

練習問題

☆**問題１**　次の一連の取引について，資本金勘定のみを使う場合と引出金勘定を使う場合のそれぞれの仕訳を示しなさい。

① 現金￥500,000を元入れし，伊藤商店を設立した。
② 店主は，私用のため店の現金￥50,000を引き出した。
③ 店主は，私用のため店の商品￥20,000を持ち出した。
④ 店主より，現金￥60,000が返還された。
⑤ 店舗の家賃￥30,000を小切手を振り出して支払った。なお，店舗建物の40％部分は店主の居住部分である。
⑥ 決算日。なお当期純利益は￥150,000であった。

＜資本金勘定のみを使う場合＞

	借方科目	金　額	貸方科目	金　額
①				
②				
③				
④				
⑤				
⑥				

＜引出金勘定を使う場合＞

	借方科目	金　額	貸方科目	金　額
①				
②				
③				
④				
⑤				
⑥				

問題 2 次の一連の取引について，仕訳を示しなさい。

① ㈱山縣商事は，設立に際して株式200株を発行し，1株当たり¥50,000の払い込みを受け，そのすべてについて当座預金に預け入れた。同社では，会社法規定の最低限度額を資本金として組み入れている。また，この株式発行にともなう諸費用として¥100,000を，小切手を振り出して支払い，繰延資産に計上した。

② 会社設立後最初の決算日に際し，会社設立時の株式発行に関して計上した繰延資産の償却を行った。なお，償却は制度上認められる最長期間にわたって，定額法により行った。

	借方科目	金　額	貸方科目	金　額
①				
②				

問題 3 次の一連の取引について，仕訳を示しなさい。

① ㈱陸奥物産は，株主総会での決議に従って新株の発行を行い，払込期日までにすべての株式について払い込みを受けた。なお，発行株式数は100株，払込金額は1株当たり¥50,000であり，払込金額は払込期日まで別段預金とした。

② 新株発行にともなう諸費用として¥50,000を，小切手を振り出して支払い，繰延資産に計上した。

③ 払込期日となったので，増資の手続きをとった。なお，会社法規定の最低限度額を資本金に組み入れた。

	借方科目	金　額	貸方科目	金　額
①				
②				
③				

問題 4 次の取引について，①合併時と②合併直後の決算日の仕訳を示しなさい。

㈱夏目食品は㈱河東物流を吸収合併した。合併に際しては㈱夏目食品株式500株をあらたに発行し，㈱河東物流の株主に交付した。この合併に関する資料は次のとおりである。

<資料>

・合併直前の㈱夏目食品株式の時価：@¥2,000

・合併により受け入れる諸資産の時価：¥3,200,000

・合併により受け入れる諸負債の時価：￥2,250,000
・合併に際して増加する株主資本のうち，￥500,000を資本金，￥400,000を資本準備金に組み入れた。
・合併に際して認識したのれんは無形固定資産とし，制度上認められた最長期間で定額法により償却する。

	借方科目	金　額	貸方科目	金　額
①				
②				

問題５　次の一連の取引について，仕訳を示しなさい。

① 決算に際して，㈱柳原電子の当期純利益は￥300,000であったので，繰越利益剰余金勘定に振り替える。

② ㈱柳原電子の株主総会において，剰余金を配当および処分することが決議された。仕訳に必要な資料は次のとおりである

配当直前の株主資本の金額	配当および処分の決定額
資　本　金：￥2,500,000	配　当　金：￥100,000
資本準備金：　￥350,000	新築積立金：￥100,000
利益準備金：　￥200,000	別途積立金：￥　50,000
繰越利益剰余金：￥400,000	利益準備金：会社法規定の額

③ 株主総会での決議にしたがって，配当金￥100,000を当座預金より支払った。

	借方科目	金　額	貸方科目	金　額
①				
②				
③				

問題6 問題5 ②において，㈱柳原電子の配当直前の株主資本の金額のうち，利益準備金が¥270,000であった場合の仕訳を示しなさい。

借方科目	金額	貸方科目	金額

問題7 次の一連の取引について，仕訳を示しなさい。

① 決算に際して，㈱高浜工機の当期純損失は¥300,000であったので，繰越利益剰余金勘定に振り替える。

② ㈱高浜工機の株主総会において，剰余金の処分が決議された。仕訳に必要な資料は次のとおりである

株主総会直前の株主資本の金額	剰余金の処分の決定額
資本金：¥1,500,000	別途積立金の取崩額：¥150,000
資本準備金：¥250,000	利益準備金の取崩額：¥200,000
利益準備金：¥200,000	
別途積立金：¥150,000	
繰越利益剰余金：△¥400,000	

	借方科目	金額	貸方科目	金額
①				
②				

第12章　税　金

ポイント整理

☆ 1　個人企業の税金

主な税金として，所得税，住民税，事業税，固定資産税などがある。

所得税・住民税：引出金

事業主の所得税を店の現金で納付したとき

（借）	引　出　金	×××	（貸）	現　　　金	×××

その他の税金：租税公課

固定資産税を現金で納付したとき

（借）	租 税 公 課	×××	（貸）	現　　　金	×××

2　株式会社の税金

主な税金として，法人税，住民税，事業税などがある。

法人税・住民税・事業税：法人税等

中間申告

（借）	仮払法人税等	×××	（貸）	現　　　金	×××

決　算

（借）	法 人 税 等	×××	（貸）	仮払法人税等	×××
				未払法人税等	×××

納　付

（借）	未払法人税等	×××	（貸）	現　　　金	×××

その他の税金：租税公課

3 消費税

物品などの消費に対して国から課される税金。

税抜方式：

商品を仕入れたとき

（借）	仕　　　入	×××	（貸）	現　　　金	×××
	仮払消費税	×××			

商品を売り上げたとき

（借）	現　　　金	×××	（貸）	売　　　上	×××
				仮受消費税	×××

決　算

（借）	仮受消費税	×××	（貸）	仮払消費税	×××
				未払消費税	×××

納　付

（借）	未払消費税	×××	（貸）	現　　　金	×××

税込方式：

商品を仕入れたとき

（借）	仕　　　入	×××	（貸）	現　　　金	×××

商品を売り上げたとき

（借）	現　　　金	×××	（貸）	売　　　上	×××

決　算

（借）	租 税 公 課	×××	（貸）	未払消費税	×××

納　付

（借）	未払消費税	×××	（貸）	現　　　金	×××

練習問題

☆問題１　次の取引の仕訳を示しなさい。

① 固定資産税の第１期分￥650,000を現金で納付した。ただし，そのうち￥100,000は，事業主の家計の負担分である。
② 郵便切手￥15,000と収入印紙￥35,000を現金で購入した。
③ 住民税の第３期分￥280,000を店の現金で納付した。
④ 事業税の第２期分￥370,000を店の現金で納付した。
⑤ 所得税の第２期分￥400,000を店の現金で予定納付した。
⑥ 前年度の所得税額を計算したところ，￥1,180,000であった。確定申告を行うとともに，予定納税額としてすでに支払ってある￥800,000を差し引き，残額を店の現金で納付した。

	借方科目	金　額	貸方科目	金　額
①				
②				
③				
④				
⑤				
⑥				

問題２　次のうち，株式会社の利益にもとづいて課される税金には○印を，そうでないものには×印をつけよ。

① 印紙税
② 法人税
③ 固定資産税
④ 消費税
⑤ 市町村民税
⑥ 事業税

①		④	
②		⑤	
③		⑥	

問題3 次の取引の仕訳を示しなさい。

① 中間申告を行い，前年度の法人税額¥2,600,000，住民税額¥1,100,000および事業税額¥420,000のそれぞれ2分の1を，小切手を振り出して納付した。

② 決算の結果，本年度の法人税額は¥2,800,000，住民税額は¥1,250,000，事業税額は¥380,000と確定した。

③ 確定申告を行い，上記の法人税，住民税および事業税について，中間申告による納付額を差し引き，残額を小切手を振り出して納付した。

	借方科目	金額	貸方科目	金額
①				
②				
③				

問題4 次の取引の仕訳を，税抜方式と税込方式とで示しなさい。

① 商品¥2,100,000（うち消費税¥100,000）を仕入れ，代金は小切手を振り出して支払った。

② 上記商品のうち¥1,900,000を¥2,415,000（うち消費税¥115,000）で売り渡し，得意先振り出しの小切手を受け取った。

③ 決算につき，上記商品売買に関して，消費税の納付額を確定した。

④ 確定申告を行い，上記消費税額を，小切手を振り出して支払った。

[税抜方式]

	借方科目	金額	貸方科目	金額
①				
②				
③				
④				

[税込方式]

	借方科目	金額	貸方科目	金額
①				
②				
③				
④				

第13章　決　算

ポイント整理

☆ 1 決算の手続き

決算は，①試算表の作成，②決算整理，③精算表の作成，④帳簿決算，⑤財務諸表の作成という一連の手続きによって行われる。

☆ 2 試算表の作成

決算の手続きに入る前に，期中取引が正しく処理されているかどうかを確認するために試算表を作成する。貸借一致の原理により，期中取引が正しく処理されていれば，試算表の借方合計額と貸方合計額は必ず一致する。

☆ 3 決算整理

☆（1）売上原価の計算

（借）	仕　　　　入	×××	（貸）	繰　越　商　品	×××
（借）	繰　越　商　品	×××	（貸）	仕　　　　入	×××

（2）棚卸減耗費および商品評価損の処理

（借）	棚 卸 減 耗 費	×××	（貸）	繰　越　商　品	×××
（借）	商 品 評 価 損	×××	（貸）	繰　越　商　品	×××

☆（3）売上債権の貸倒れの見積もり

①　洗替法

（借）	貸 倒 引 当 金	×××	（貸）	貸倒引当金戻入	×××
（借）	貸倒引当金繰入	×××	（貸）	貸 倒 引 当 金	×××

② 差額補充法

（借） 貸倒引当金繰入 ×××　（貸） 貸倒引当金 ×××

（4）有価証券の評価替え

☆① 売買目的有価証券

帳簿価額＞時価の場合

（借） 有価証券評価損 ×××　（貸） 売買目的有価証券 ×××

帳簿価額＜時価の場合

（借） 売買目的有価証券 ×××　（貸） 有価証券評価益 ×××

② 満期保有目的債券

当期償却額の計算（定額法）

（債券金額－取得価額）×当期の保有月数／取得から償還までの月数＝当期償却額

償却（評価替え）の会計処理

債券金額＞取得価額の場合

（借） 満期保有目的債券 ×××　（貸） 有価証券利息 ×××

債券金額＜取得価額の場合

（借） 有価証券利息 ×××　（貸） 満期保有目的債券 ×××

（5）資産の償却

☆① 有形固定資産の減価償却

直接法 （借） 減価償却費 ×××　（貸） 建物など ×××

間接法 （借） 減価償却費 ×××　（貸） 減価償却累計額 ×××

② 無形固定資産の償却

償却の計算は，無形固定資産の有効とされる期間を限度として耐用年数を決定し，残存価額をゼロとした定額法によって行われる。のれんについては，原則として20年以内の効果の及ぶ期間にわたり，定額法等合理的な方法により償却する。

（借） 特許権償却など ×××　（貸） 特許権など ×××

③　繰延資産の償却

繰延資産については，下の図表のとおり償却を行う。

名　称	償却方法	償却期間
創立費	定額法	5年以内
開業費	定額法	5年以内
開発費	定額法その他合理的な方法	5年以内
株式交付費	定額法	3年以内
社債発行費	利息法または定額法	社債の償還期間内

（借）創立費償却など　×××　　（貸）創立費など　×××

（6）社債の処理

当期償却額の計算（定額法）

（額面金額－発行価額）×当期の発行月数／発行から償還までの月数＝当期償却額

償却の会計処理

額面金額＞発行価額の場合　（借）社債利息　×××　　（貸）社　　債　×××

額面金額＜発行価額の場合　（借）社　　債　×××　　（貸）社債利息　×××

☆（7）収益・費用の繰延べと見越し

（借）未収××　×××　　（貸）収益の勘定　×××

（借）収益の勘定　×××　　（貸）前受××　×××

（借）前払××　×××　　（貸）費用の勘定　×××

（借）費用の勘定　×××　　（貸）未払利息　×××

☆（8）消耗品の処理

①　期中に費用処理している場合

（借）消耗品　×××　　（貸）消耗品費　×××

②　期中に資産処理している場合

（借）消耗品費　×××　　（貸）消耗品　×××

☆ 4 精算表の作成

整理記入欄に決算整理仕訳を記入し，残高試算表欄の数値に加減することによって，損益計算書欄および貸借対照表欄の記入を行う。

☆ 5 帳簿決算

（1）収益・費用の各勘定を損益勘定に振り替える。
（2）損益勘定の残高（当期純損益）を資本金勘定（株式会社の場合は繰越利益剰余金勘定）に振り替える。
（3）各勘定を締め切る。

☆ 6 財務諸表の作成

決算整理を行った後の総勘定元帳の記録をもとに，損益計算書と貸借対照表を作成する。

練習問題

☆ 問題1　静岡商店（個人商店）の残高試算表および決算整理事項は次のとおりである。

残高試算表

借　方	勘定科目	貸　方
9,940	現金	
12,200	当座預金	
10,000	売掛金	
9,700	繰越商品	
50,000	備品	
	買掛金	9,670
	長期借入金	20,000
	貸倒引当金	70
	備品減価償却累計額	9,000
	資本金	40,000
	売上	88,400
43,500	仕入	
18,300	給料	
6,000	保険料	
7,200	支払家賃	
300	支払利息	
167,140		167,140

決算整理事項

① 期末商品棚卸高　　90個　@¥100

② 売掛金に対して２％の貸倒れを見積もる。差額補充法によって処理する。

③ 備品について，定額法（残存価額は取得原価の10％，耐用年数は５年）により減価償却を行う。

④ 保険料のうち¥1,500は前払分である。

⑤ 借入金に対する利息¥100が未払である。

（1）決算整理仕訳を示しなさい。

	借方科目	金　額	貸方科目	金　額
①				
②				
③				
④				
⑤				

（2）精算表を完成させなさい。

精　算　表

勘定科目	残高試算表		整理記入		損益計算書		貸借対照表	
	借　方	貸　方	借　方	貸　方	借　方	貸　方	借　方	貸　方
現　　　金								
当座預金								
売　掛　金								
繰越商品								
備　　　品								
買　掛　金								
長期借入金								
貸倒引当金								
備品減価償却累計額								
資　本　金								
売　　　上								
仕　　　入								
給　　　料								
保　険　料								
支払家賃								
支払利息								
貸倒引当金繰入								
減価償却費								
前払保険料								
未払利息								
当期純利益								

（3）①収益・費用の各勘定の残高を損益勘定に振り替える決算振替仕訳　②当期純利益を資本金勘定に振り替える決算振替仕訳を示した上で，貸借対照表と損益計算書（二区分）を作成しなさい。

①　収益・費用の各勘定の残高を損益勘定に振り替える決算振替仕訳

借方科目	金　額	貸方科目	金　額

② 当期純利益を資本金勘定に振り替える決算振替仕訳

借方科目	金　額	貸方科目	金　額

貸　借　対　照　表

資　産	金　額	負債および純資産	金　額
流動資産		流動負債	
現　金		買掛金	
当座預金		未払利息	
売掛金		流動負債合計	
貸倒引当金		固定負債	
商　品		長期借入金	
前払保険料		固定負債合計	
流動資産合計		負債合計	
固定資産		純資産	
備　品		資本金	
減価償却累計額		当期純利益	
固定資産合計		純資産合計	
資産合計		負債および純資産合計	

損　益　計　算　書

費　用	金　額	収　益	金　額
期首商品たな卸高		売上高	
当期商品仕入高		期末商品たな卸高	
売上総利益			
給　料		売上総利益	
保険料			
支払家賃			
減価償却費			
貸倒引当金繰入			
支払利息			
当期純利益			

問題２　㈱東京商事（決算日は12月31日）の残高試算表および決算整理事項等は次のとおりである。

残高試算表

借　　方	勘定科目	貸　　方
36,200	現金	
1,220	現金過不足	
80,800	当座預金	
40,000	売掛金	
200,000	売買目的有価証券	
47,500	満期保有目的債券	
54,000	繰越商品	
200,000	備品	
7,200	社債発行費	
	買掛金	34,000
	長期借入金	100,000
	社債	194,000
	貸倒引当金	120
	備品減価償却累計額	72,000
	資本金	150,000
	利益準備金	30,000
	繰越利益剰余金	21,600
	売上	309,620
	受取配当金	1,250
	有価証券利息	500
157,320	仕入	
42,500	給料	
12,000	保険料	
3,100	消耗品費	
30,000	支払家賃	
1,250	支払利息	
913,090		913,090

決算整理事項等

① 決算に先立ち，現金過不足の原因について調査したところ，現金による買掛金の支払い￥1,000が記帳されていないことが判明した。残額の原因は不明である。

② 期末商品棚卸高

帳簿棚卸高	560個	@￥100
実地棚卸高	555個	@￥ 98

③ 売上債権に対して２％の貸倒れを見積もる。洗替法によって処理する。

④ 売買目的有価証券の内訳は次の通りである。時価によって評価替えを行う。

	帳簿価額	時　　価
A社株式	￥140,000	￥136,000
B社株式	￥ 60,000	￥ 57,000

⑤ 満期保有目的債券は，本年４月１日に額面￥50,000の社債を１口￥95で購入したものである。この社債の利払日は９月と３月の各末日，年利率２％，償還日は購入日より５年後である。

⑥ 本年10月１日に，額面￥200,000の社債を，発行価額@￥97で発行した。この社債の利払日は３月と９月の各末日，年利率２％，償還期間は３年である。なお，社債発行に要した諸費用￥7,200は繰延資産として処理した。社債の発行価額と額面価額との差額は金利調整差額と認められるため，定額法によって償却し，社債発行に関する繰延資産は，制度上認められた最長期間にわたり，均等額を償却するものとする。

⑦ 備品について，定額法（残存価額は取得原価の10％，耐用年数は５年）により減価償却を行う。

⑧ 家賃は，毎年４月１日に１年分を前払いしている。

⑨ 消耗品の未消費高は￥800である。

（1）決算整理仕訳を示しなさい。

	借 方 科 目	金　額	貸 方 科 目	金　額
①				
②				
③				
④				
⑤				
⑥				
⑦				
⑧				
⑨				

（2）精算表を完成させなさい。

精　算　表

勘定科目	残高試算表		整理記入		損益計算書		貸借対照表	
	借　方	貸　方	借　方	貸　方	借　方	貸　方	借　方	貸　方
現金								
現金過不足								
当座預金								
売掛金								
売買目的有価証券								
満期保有目的債券								
繰越商品								
備品								
社債発行費								
買掛金								
長期借入金								
社債								
貸倒引当金								
備品減価償却累計額								
資本金								
利益準備金								
繰越利益剰余金								
売上								
受取配当金								
有価証券利息								
仕入								
給料								
保険料								
消耗品費								
支払家賃								
支払利息								
雑損								
棚卸減耗費								
商品評価損								
貸倒引当金戻入								
貸倒引当金繰入								
有価証券評価損								
未収利息								
社債利息								
未払利息								
社債発行費償却								
減価償却費								
前払家賃								
消耗品								
当期純利益								

（3）①収益・費用の各勘定の残高を損益勘定に振り替える決算振替仕訳　②当期純利益を繰越利益剰余金勘定に振り替える決算振替仕訳を示した上で，貸借対照表および損益計算書（四区分）を完成させなさい。

① 収益・費用の各勘定の残高を損益勘定に振り替える決算振替仕訳

借方科目	金　額	貸方科目	金　額

② 当期純利益を繰越利益剰余金勘定に振り替える決算振替仕訳

借方科目	金　額	貸方科目	金　額

貸借対照表

資　産	金　額	負債および純資産	金　額
流動資産		流動負債	
現　金		買掛金	
当座預金		未払利息	
売掛金		流動負債合計	
貸倒引当金		固定負債	
有価証券		長期借入金	
商　品		社　債	
消耗品		固定負債合計	
未収利息		負債合計	
前払家賃		純資産	
流動資産合計		資本金	
固定資産		利益剰余金	
備　品		利益準備金	
減価償却累計額		繰越利益剰余金	
固定資産合計		純資産合計	
繰延資産			
社債発行費			
繰延資産合計			
資産合計		負債および純資産合計	

損益計算書

費　用	金　額	収　益	金　額
期首商品たな卸高		売上高	
当期商品仕入高		期末商品たな卸高	
売上総利益			
給料		売上総利益	
消耗品費			
保険料			
支払家賃			
減価償却費			
貸倒引当金繰入			
営業利益			
支払利息		営業利益	
社債利息		受取配当金	
有価証券評価損		有価証券利息	
社債発行費償却			
経常利益			
雑損		経常利益	
当期純利益		貸倒引当金戻入	

第14章　伝　票

ポイント整理

☆ 1　伝票の利用

実務においては，伝票を通じて日々の取引の記録を行うことがある。伝票会計においては，仕訳帳の代わりに伝票に記入を行い（起票という），記入された伝票にもとづいて総勘定元帳の各勘定に転記される。

☆ 2　3伝票制

3伝票制では，入金伝票・出金伝票・振替伝票の3種類の伝票が用いられる。現金の受け取りをともなう取引（入金取引）は入金伝票に，現金の支払いをともなう取引（出金取引）は出金伝票に，それ以外の取引（振替取引）は振替伝票に記入される。

入金伝票	
売掛金 （××商店）	×××

出金伝票	
買掛金 （××商店）	×××

（借方）振替伝票		振替伝票（貸方）	
買掛金 （××商店）	×××	当座預金	×××

取引の中には，入金取引（あるいは出金取引）と振替取引の両方の要素を備えたものがある（このような取引を一部振替取引という）。一部振替取引の起票には，以下の2通りの方法がある。

①　取引を擬制して，いったん全額入金（あるいは出金）があったものとして起票する

方法

② 取引を分解して，入金取引（あるいは出金取引）と振替取引とに分けて起票する方法

☆ 3 5伝票制

5伝票制では，3伝票制において用いられた3種類の伝票に加えて，売上伝票と仕入伝票が用いられる。5伝票制のもとでは，入金取引は入金伝票に，出金取引は出金伝票に，売上取引は売上伝票に，仕入取引は仕入伝票に記入される。その他の取引（振替取引）は振替伝票に記入される。

5伝票制のもとでは，商品を販売したとき，売上先，金額などを売上伝票に記入する。売上戻りや値引があった場合は，赤字で記入する。また，商品を仕入れたとき，仕入先，金額などを仕入伝票に記入する。仕入戻しや値引があった場合は，赤字で記入する。

売上伝票および仕入伝票に起票する際には，すべて掛売上取引または掛仕入取引として記入する。

4 仕訳集計表の作成

伝票に記入された仕訳は，一定期間分をまとめて集計される。伝票上の仕訳を勘定ごとに集計する表を仕訳集計表という。総勘定元帳への転記は，この仕訳集計表を通じて行う。

練習問題

☆ 問題 1 以下の取引について，３伝票制によって起票しなさい。

① 青森商店に対する売掛金￥100,000を現金で回収した。

② 秋田商店に対する買掛金￥80,000を現金で支払った。

③ 岩手商店に対する買掛金￥120,000の支払いのため，同額の小切手を振り出した。

①

入金伝票

②

出金伝票

③

(借方) 振替伝票	振替伝票 (貸方)

☆ 問題 2 従業員の給料￥500,000の支払いにあたり，所得税額￥20,000を差し引いて，残額を現金で支払った。この取引について，①取引を擬制する方法と②取引を分解する方法で起票しなさい。

① 取引を擬制する方法

出金伝票

入金伝票

② 取引を分解する方法

出金伝票

(借方) 振替伝票	振替伝票 (貸方)

☆**問題３**　次の取引について，５伝票制で起票しなさい。

① 愛媛商店に商品を￥100,000で売り上げ，代金は掛けとした。
② 愛媛商店に売り上げた商品のうち，￥30,000分が返品された。
③ 香川商店から商品を￥80,000で仕入れ，代金は掛けとした。
④ 香川商店より，￥10,000の値引きを受けた。

①
売上伝票

②
売上伝票

③
仕入伝票

④
仕入伝票

問題４　宮城商店は３伝票制を採用しており，９月12日に次の伝票が起票された。これらの伝票にもとづいて，仕訳集計表を作成しなさい。

出金伝票

買掛金（秋田商店）　200,000

給料　180,000

入金伝票

売掛金（青森商店）　240,000

受取手形　90,000

（借方）振替伝票		振替伝票（貸方）	
仕入	170,000	買掛金（山形商店）	170,000

売掛金（福島商店）	260,000	売上	260,000

未収金	130,000	売買目的有価証券	135,000
有価証券売却損	5,000		

受取手形	155,000	売上	155,000

備品	212,000	当座預金	212,000

仕 訳 集 計 表
平成×年9月12日

借 方	勘定科目	貸 方
	現 金	
	当座預金	
	売買目的有価証券	
	受取手形	
	売掛金	
	未収金	
	備 品	
	買掛金	
	売 上	
	仕 入	
	給 料	
	有価証券売却損	

問題5　6月1日に以下の伝票が起票された。仕訳集計表を作成し，総勘定元帳への転記を行いなさい。また伝票から売掛金元帳および買掛金元帳への記入を行いなさい。

入金伝票

- 売掛金（新潟商店）80,000
- 借入金　300,000
- 売掛金（滋賀商店）75,000
- 受取手形　60,000

出金伝票

- 買掛金（石川商店）100,000
- 給　料　250,000
- 支払手形　65,000
- 買掛金（富山商店）90,000

仕入伝票

- 石川商店　180,000
- 富山商店　250,000
- 富山商店（戻し）　70,000

売上伝票

- 滋賀商店　165,000
- 滋賀商店（戻り）　50,000
- 新潟商店　220,000

(借方) 振替伝票		振替伝票 (貸方)	
買掛金（石川商店）	110,000	売掛金（新潟商店）	110,000
買掛金（富山商店）	120,000	支払手形	120,000
備　品	300,000	当座預金	300,000
支払家賃	80,000	当座預金	80,000

（注）太字は赤字での記入をあらわす。

仕　訳　集　計　表

平成×年6月1日

借　方	元丁	勘定科目	元丁	貸　方
		現　　　　金		
		当　座　預　金		
		受　取　手　形		
		売　　掛　　金		
		備　　　　品		
		支　払　手　形		
		買　　掛　　金		
		借　　入　　金		
		売　　　　上		
		仕　　　　入		
		給　　　　料		
		支　払　家　賃		

総　勘　定　元　帳

現　　金　　1

6/ 1 前月繰越	396,000		

売　掛　金　　4

6/ 1 前月繰越	612,000		

売　掛　金　元　帳

滋　賀　商　店　　売1

6/ 1 前月繰越	335,000		

新　潟　商　店　　売2

6/ 1 前月繰越	277,000		

買　掛　金　元　帳

石　川　商　店　　買1

		6/ 1 前月繰越	245,000

富　山　商　店　　買2

		6/ 1 前月繰越	278,000

第15章 帳簿組織

ポイント整理

1 帳簿組織

企業は，組織内部の業務の分担等を勘案し，用いる帳簿を決定する。企業が維持する帳簿全体のしくみを帳簿組織という。

補助簿のうち取引を発生順に記入する補助記入帳については，仕訳帳として利用することができる。このように仕訳帳として使用される補助簿を特殊仕訳帳といい，特殊仕訳帳に記入されない取引が記入される従来の仕訳帳を普通仕訳帳という。また，特殊仕訳帳を用いる帳簿組織を複合仕訳帳制という。

2 現金（当座預金）出納帳

特殊仕訳帳として現金（当座預金）出納帳を用いるとき，現金（当座預金）の受払いをともなう取引は現金（当座預金）出納帳に記帳された上で，総勘定元帳へ転記される。受入取引は，現金（当座預金）出納帳の借方に相手勘定と金額が記入され，払出取引は貸方に相手勘定と金額が記入される。

現金（当座預金）出納帳から現金（当座預金）勘定への転記は，一定期間ごとにまとめて行われる。受入額の合計金額は現金（当座預金）勘定の借方に，払出額の合計金額は現金（当座預金）勘定の貸方に合計転記される。

現金（当座預金）出納帳から現金（当座預金）以外の勘定への転記は，特別欄への記入以外は，取引のつど行われる。転記の際に，現金（当座預金）出納帳の元丁欄に転記先の元帳のページ数を記入する。

現金（当座預金）出納帳の借方に売掛金の特別欄が設けられた場合，売掛金を現金（当座預金）で回収する取引があったとき，その金額を売掛金欄に記入する。取引の際には売掛金勘定へ転記せず，一定期間の金額をまとめて合計転記を行う。特別欄への記入を行った際には，元丁欄へは✓（チェックマーク）を記入する。ただし，売掛金元帳などの補助元帳に個別転記を行った場合は，そのページ数を記入する。

3 売上（仕入）帳

売上（仕入）帳を特殊仕訳帳として用いるとき，売上（仕入）および売上戻り・値引き（仕入戻し・値引き）は売上（仕入）帳に記入される。一般的に掛けによる売上（仕入）が多いので，通常，特別欄として売掛金（買掛金）欄が設けられる。

売掛金（買掛金）欄が設けられた場合，掛売上（掛仕入）の際には売掛金（買掛金）欄に売上（仕入）金額を記入し，掛け以外の取引の際には諸口欄に記入する。売上戻り・値引き（仕入戻し・値引き）があったときは，その金額を赤字記入する。

売上（仕入）帳から売上（仕入）勘定への転記は，一定期間分をまとめて行われる。特別欄としての売掛金（買掛金）欄に記入された金額も合計転記される。諸口欄に記入された金額は，売上（仕入）に対する相手となる勘定に個別転記される。

特別欄への記入を行った際には，元丁欄へは✓（チェックマーク）を記入する。ただし，売掛金（買掛金）元帳などの補助元帳に記入を行った場合は，そのページ数を記入する。

4 二重転記の回避

複数の特殊仕訳帳を用いる場合，１つの取引が複数の特殊仕訳帳に記入されることがある。現金出納帳と売上帳を特殊仕訳帳として用いている場合，小切手の受け取りによる売上は，現金出納帳と売上帳の両方に記帳されることになる。現金勘定の借方への転記は，現金出納帳から合計転記されるので，売上帳から個別転記を行わない。同様に，売上勘定の貸方への転記は，売上帳から合計転記されるので，現金出納帳から個別転記を行わない。個別転記を行わない取引を特殊仕訳帳に記入する際には，元丁欄に✓（チェックマーク）を記入する。

練習問題

問題1　次の4月中の取引について，当座預金出納帳に記入した上で，総勘定元帳の当座預金勘定，売掛金勘定，買掛金勘定へ転記しなさい。月初の当座預金の残高は¥80,000であり，当店は現金出納帳を用いていない。なお，総勘定元帳における各勘定の丁数は，現金1，受取手形3，支払手形11である。

4月 2日　滋賀商店に対する買掛金¥30,000を小切手の振り出しにより支払った。

4月 7日　大阪商店に対する手形代金¥20,000を小切手の振り出しにより支払った。

4月14日　奈良商店に対する売掛金¥65,000を現金で回収し，ただちに当座預金に預け入れた。

4月17日　兵庫商店に対する手形代金¥40,000を小切手で受け取り，ただちに当座預金に預け入れた。

4月19日　当座預金¥50,000を現金で引き出した。

4月24日　奈良商店に対する売掛金¥30,000を現金で回収し，ただちに当座預金に預け入れた。

当座預金出納帳

1

平成×年		勘定科目	摘　要	元丁	売掛金	諸　口	平成×年		勘定科目	摘　要	元丁	買掛金	諸　口

総勘定元帳

当座預金　2

売　掛　金　4

4/ 1前月繰越	×××		

買　掛　金　12

		4/ 1前月繰越	×××

売掛金元帳

奈良商店　1

4/ 1前月繰越	×××		

買掛金元帳

滋賀商店　1

		4/ 1前月繰越	×××

問題2　次の5月中の取引について，売上帳，売掛金元帳に記入した上で，売上勘定，売掛金勘定へ転記しなさい。

5月12日　山口商店に商品を￥70,000で売り上げ，代金は山口商店振り出しの約束手形で受け取った。

5月18日　島根商店に商品を￥80,000で売り上げ，代金は掛けとした。

5月23日　広島商店に商品を￥40,000で売り上げ，代金は掛けとした。

5月24日　広島商店より商品￥2,000が返品された。

売　上　帳

1

平成×年		勘定科目	摘　　要	元丁	売掛金	諸　口

総 勘 定 元 帳

売　掛　金	4		
5/ 1前月繰越	×××		

売　　　上	41		

売 掛 金 元 帳

島 根 商 店	1		
5/ 1前月繰越	×××		

広 島 商 店	2		
5/ 1前月繰越	×××		

問題 3　香川商店は，複合仕訳帳制を採用しており，普通仕訳帳のほか，現金出納帳，当座預金出納帳，売上帳，仕入帳を特殊仕訳帳として用いている。また，補助簿として，売掛金元帳，買掛金元帳，受取手形記入帳，支払手形記入帳を使用している。
次の取引を行ったとき，記入が必要な帳簿を選び，解答欄に○をつけなさい。

① 当座預金￥50,000を現金で引き出した。

② 商品を￥200,000で売り上げ，代金のうち￥60,000は小切手を受け取り，残額は掛けとした。

③ 商品￥150,000を仕入れ，代金のうち￥50,000は約束手形を振り出し，残額は掛けとした。

④ 愛媛商店に対する売掛金￥130,000の回収のため，愛媛商店振り出し，高知商店引き受けの為替手形を受け取った。

⑤ 岡山商店から商品￥120,000を仕入れ，代金のうち￥100,000は，かねて売掛金のある広島商店あての為替手形を，同店の引き受けを得て，岡山商店に振り出

した。残額は掛けとした。

⑥ 約束手形¥60,000を取引銀行で割り引き，割引料を差し引かれた手取金¥59,500は当座預金とした。

⑦ 備品¥300,000を購入し，代金のうち¥50,000は小切手を振り出して支払い，残額は月末に支払うことにした。

	現　金 出納帳	当座預金 出納帳	売上帳	仕入帳	普　通 仕訳帳	売掛金 元　帳	買掛金 元　帳	受取手形 記入帳	支払手形 記入帳
①									
②									
③									
④									
⑤									
⑥									
⑦									

問題 4 愛知商店は，複合仕訳帳制を採用しており，普通仕訳帳のほか，当座預金出納帳，仕入帳，売上帳を特殊仕訳帳として用いている。次の6月中の取引を，当座預金出納帳，仕入帳，売上帳，普通仕訳帳に記入し，当座預金勘定，仕入勘定，売上勘定，売掛金勘定，買掛金勘定に転記しなさい。なお，月初の当座預金の残高は¥80,000であった。

6月 2日　山梨商店に商品を¥35,000で売り上げ，代金は掛けとした。
6月 3日　山梨商店より商品¥3,000が返品された。
6月 6日　静岡商店より手形代金¥30,000を現金で回収した。
6月 9日　山梨商店に対する売掛金¥22,000を現金で回収し，ただちに当座預金に預け入れた。
6月11日　和歌山商店に対する買掛金¥19,000を小切手の振り出しにより支払った。
6月14日　長野商店に対する買掛金¥24,000を小切手の振り出しにより支払った。
6月15日　富山商店より商品¥21,000を仕入れ，小切手の振り出しにより支払った。
6月16日　当座預金に現金¥32,000を預け入れた。
6月20日　従業員に対する給料¥36,000を当座預金口座から振り込んだ。
6月22日　岐阜商店に対する売掛金¥23,000を現金で回収し，ただちに当座預金に預け入れた。
6月24日　和歌山商店より商品¥37,000を仕入れ，代金は掛けとした。
6月25日　和歌山商店より¥2,000の値引きを受けた。
6月27日　静岡商店に商品を¥39,000で売り上げ，代金は静岡商店振り出しの約束手形で受け取った。
6月29日　長野商店より商品¥25,000を仕入れ，代金のうち¥10,000は現金で支払い，残額は掛けとした。

6月30日　岐阜商店に商品を￥19,000で売り上げ，代金のうち￥10,000は小切手で受け取り，ただちに当座預金に預け入れた。残額は掛けとした。

当座預金出納帳

1

平成×年		勘定科目	摘　要	元丁	売掛金	諸　口	平成×年		勘定科目	摘　要	元丁	買掛金	諸　口

売　上　帳

1

平成×年		勘定科目	摘　　　要	元　丁	売掛金	諸　口

仕　入　帳

1

平成×年		勘定科目	摘　　　要	元　丁	買掛金	諸　口

普通仕訳帳

13

平成×年	摘要	元丁	借方	貸方

総勘定元帳

現金 1

6/1 前月繰越	×××	

当座預金 2

6/1 前月繰越	80,000	

受取手形 3

6/1 前月繰越	×××	

売掛金 4

6/1 前月繰越	×××	

買掛金 12

	6/1 前月繰越	×××

仕入 31

給料 36

売上 41

売掛金元帳

岐阜商店 1

6/1 前月繰越	×××	

山梨商店 2

6/1 前月繰越	×××	

買掛金元帳

和歌山商店 1

	6/1 前月繰越	×××

長野商店 2

	6/1 前月繰越	×××

第16章　本支店会計

ポイント整理

1 支店会計の独立

企業の規模が大きくなり，活動の範囲が広がると，本店の他に支店を設置することがある。支店が独自の帳簿を保有し，会計処理を行う方法を，支店独立会計制度という。

2 本支店間取引の処理

本支店間において取引が行われた場合，本支店間に貸借関係が生じる。この処理のため，支店の総勘定元帳に本店勘定を，本店の総勘定元帳に支店勘定を設ける。支店に対する債権が増加したとき，本店は支店勘定の借方に記入する。一方，支店では，本店に対する債務の増加を本店勘定の貸方記入によって処理する。

3 支店相互間取引の処理

（1）支店分散計算制度

各支店名を付した勘定を用いる。支店間取引があったとき，本店は記帳を行わない。

（2）本店集中計算制度

支店間取引があったとき，各支店はすべて本店との取引として記帳する。

4 支店損益の振替え

（1）支店の処理（支店に当期純利益が計上された場合）

（借）損　　益　　×××　　　（貸）本　　店　　×××

（2）本店の処理（支店に当期純利益が計上された場合）

（借）支　　　　　店　×××　　（貸）損　　　　　益　×××

5 財務諸表の合併

（1）未達取引の整理

未達取引とは，一方の帳簿には記入されているが，他方では記帳されていない本支店間の取引をいう。取引を行ったものとして処理する。

（2）本店勘定と支店勘定の相殺消去

本店勘定と支店勘定は，本支店間の関係および取引をあらわすものなので，これらを相殺消去する。

（借）本　　　　　店　×××　　（貸）支　　　　　店　×××

（3）内部取引の相殺消去

未達取引整理後，本店の支店売上勘定と支店の本店仕入勘定の残高は一致する。これらの勘定は，本支店間の取引をあらわすものなので相殺消去する。

（借）支 店 へ 売 上　×××　　（貸）本 店 よ り 仕 入　×××

（4）内部利益の消去

支店の期末商品の金額には，本店が支店に送付する際に付加した利益分（これを内部利益という）が含まれている。内部利益は，企業外部に販売されるまでは未実現であるので，本支店合併財務諸表においては，これを除去する必要がある。

（借）繰延内部利益控除　×××　　（貸）繰 延 内 部 利 益　×××

支店の期首商品に本店からの仕入分がある場合，前期末に繰り延べた内部利益を戻し入れる処理を行う。

（借）繰 延 内 部 利 益　×××　　（貸）繰延内部利益戻入　×××

練習問題

問題１　問１　次の取引について，本支店それぞれの仕訳を示しなさい。

①　神奈川商店は，現金￥300,000を送付し，支店を開設した。

②　支店は本店の売掛金￥50,000を現金で回収し，その旨本店に通知した。

		借方科目	金　額	貸方科目	金　額
①	本　店				
	支　店				
②	本　店				
	支　店				

問２　次の取引について，支店分散計算制度と本店集中計算制度にもとづいて，本支店それぞれの仕訳を示しなさい。

①　山口支店は，小切手￥20,000を振り出し島根商店に送付した。島根商店はこれを受け取り，本店はこの取引の通知を受けた。

②　広島支店は岡山支店に原価￥100,000の商品を，原価に10％の利益を付加した価格で送付した。岡山商店はこれを受け取り，本店はこの取引の通知を受けた。

支店分散計算制度

		借方科目	金　額	貸方科目	金　額
①	本　店				
	山口支店				
	島根支店				
②	本　店				
	広島支店				
	岡山支店				

本店集中計算制度

		借方科目	金　額	貸方科目	金　額
①	本　店				
	山口支店				
	島根支店				
②	本　店				
	広島支店				
	岡山支店				

問題２ 神奈川商店は本店の他に支店をもっており，支店独立会計制度を採用している。本店は，支店に商品を発送する際に仕入原価に加えて10％の利益を付加している。本店および支店の貸借対照表および損益計算書，未達事項は次の通りであった。
これらの資料にもとづいて，本支店合併貸借対照表および本支店合併損益計算書を作成しなさい。

（本店）

貸借対照表

資産	金額	負債および純資産	金額
現金	4,300	買掛金	3,360
当座預金	5,800	借入金	10,000
売掛金	7,000	貸倒引当金	140
商品	1,400	備品減価償却累計額	1,800
備品	10,000	資本金	12,000
支店	9,200	剰余金	5,500
		当期純利益	4,900
資産合計	37,700	負債および純資産合計	37,700

損益計算書

費用	金額	収益	金額
期首商品棚卸高	1,200	売上高	15,200
当期商品仕入高	12,300	支店売上高	5,500
売上総利益	8,600	期末商品棚卸高	1,400
	22,100		22,100
営業費	3,500	売上総利益	8,600
支払利息	200		
当期純利益	4,900		
	8,600		8,600

（支店）

貸借対照表

資産	金額	負債および純資産	金額
現金	2,060	買掛金	2,590
当座預金	2,900	貸倒引当金	20
売掛金	3,000	備品減価償却累計額	900
商品	780	本店	8,270
備品	5,000	当期純利益	1,960
資産合計	13,740	負債および純資産合計	13,740

損益計算書

費用	金額	収益	金額
期首商品棚卸高	820	売上高	14,870
当期商品仕入高	5,200	期末商品棚卸高	780
本店仕入高	5,170		
売上総利益	4,460		
	15,650		15,650
営業費	2,500	売上総利益	4,460
当期純利益	1,960		
	4,460		4,460

未達事項

・本店から支店へ発送した商品¥330が支店に未達である。
・支店が本店に送金した現金¥200が本店に未達である。
・支店が本店の営業費¥400を小切手の振り出しにより支払ったが，この通知が本店に未達である。

合併貸借対照表

資産	本店	支店	調整	合併	負債および純資産	本店	支店	調整	合併
現金	4,300	2,060			買掛金	3,360	2,590		
当座預金	5,800	2,900			借入金	10,000			
売掛金	7,000	3,000			貸倒引当金	140	20		
商品	1,400	780			備品減価償却累計額	1,800	900		
					本店		8,270		
備品	10,000	5,000							
支店	9,200				資本金	12,000			
					剰余金	5,500			
					当期純利益	4,900	1,960		
	37,700	13,740				37,700	13,740		

合併損益計算書

費用	本店	支店	調整	合併	収益	本店	支店	調整	合併
期首商品棚卸高	1,200	820			売上高	15,200	14,870		
当期商品仕入高	12,300	5,200			支店売上高	5,500			
本店仕入高		5,170			期末商品棚卸高	1,400	780		
売上総利益	8,600	4,460							
	22,100	15,650				22,100	15,650		
営業費	3,500	2,500			売上総利益	8,600	4,460		
支払利息	200								
当期純利益	4,900	1,960							
	8,600	4,460				8,600	4,460		

問題3　東京商店は本店の他に支店をもっており，支店独立会計制度を採用している。本店は，支店に商品を発送する際に仕入原価に加えて10％の利益を付加している。本店および支店の残高試算表，未達事項，決算整理事項等は次の通りであった。
これらの資料にもとづいて，本支店合併後の貸借対照表および損益計算書を作成しなさい。

残高試算表

借　方	本　店	支　店	貸　方	本　店	支　店
現　金	4,830	1,520	買　掛　金	8,230	4,220
当座預金	8,870	3,130	貸倒引当金	100	50
売　掛　金	20,000	10,000	備品減価償却累計額	2,400	1,200
繰越商品	7,000	4,000	本　店		8,000
支　店	8,300		資　本　金	25,000	
備　品	6,000	3,000	剰　余　金	15,170	
仕　入	71,250	31,170	売　上	80,000	60,280
本店より仕入		11,000	支店へ売上	12,000	
給　料	10,750	6,930			
支払家賃	6,000	3,000			
	143,000	73,750		143,000	73,750

未達事項
・本店から支店へ発送した商品￥1,100が支店に未達である。
・支店が本店に送金した現金￥200が本店に未達である。
・支店が本店の売掛金￥1,000を小切手で受け取ったが，この通知が本店に未達である。

決算整理事項等
・期末商品棚卸高（未達商品は含まない）
　本店　￥6,500　　支店　￥3,500（うち本店からの仕入分￥990）
　なお，支店の期首商品のうち￥1,430は，本店からの仕入分である。
・本支店とも，差額補充法により，売掛金の残高に対して2％の貸倒引当金を設定する。
・本支店とも，備品の減価償却費を定額法（残存価額は取得原価の10％，耐用年数5年）により計上する。

貸借対照表

資産	金額	負債および純資産	金額
現金		買掛金	
当座預金		貸倒引当金	
売掛金		備品減価償却累計額	
商品		資本金	
備品		剰余金	
		当期純利益	
		負債および純資産合計	

損益計算書

費用	金額	収益	金額
期首商品棚卸高		売上高	
当期商品仕入高		期末商品棚卸高	
売上総利益			
給料		売上総利益	
支払家賃			
減価償却費			
貸倒引当金繰入			
当期純利益			

第17章　工業簿記・原価計算の基礎概念

ポイント整理

★1　工業簿記の特徴

工業簿記とは，製品の製造を主とする企業において，その産業資本の循環過程を反映することによって，経済的価値の測定を行う簿記である。工業簿記では，生産過程で発生したすべての費用は，製品の製造原価を構成するものとして記録・計算し，材料，賃金，減価償却費などの個別の勘定に集計され，これを総合的に把握・計算するために**仕掛品勘定**あるいは**製造勘定**が用いられる。

工業簿記では，これらの記帳記録によって**月次損益計算書**，**月次貸借対照表**，**製造原価報告書**などが定期的に作成される。

★2　工業簿記と原価計算

工業簿記は，**原価計算**などと計算上の素材を共通に利用するため，工業簿記の記録・計算は原価計算による成果を利用することが一般的である。また，原価計算は勘定を通じた簿記の自己管理機能をもっていないため，工業簿記との関連において，貸借理論にもとづく簿記の総括的な記録を通じて自己管理機能をもつことになる。

★3　原価計算の目的

『原価計算基準』は，原価計算の目的を以下のように定めている。

①　財務諸表作成目的　②　価格計算目的　③　原価管理目的
④　予算編成・予算統制目的　⑤　経営計画目的

★ 4 原価要素の分類

原価計算制度を前提とした『原価計算基準』では，原価を経営における一定の給付に関わらせて把握された財貨または用役の消費を，貨幣価値的に表したものと規定している。

工業簿記では，基本的に製品を製造するためにかかった費用を**製造原価**という。この製造原価に**販売費及び一般管理費**を加えたものを総原価という。これ以外の費用および損失は**非原価項目**といい，原価に含めない。

製造原価はいくつかの要素によって構成され，工業簿記では一般に，これら**原価要素**を発生形態別に，**材料費**，**労務費**，**経費**に分類する。

材料費は製品の製造のために消費した材料の消費高で，特定の製品に直接集計できるものを直接材料費，特定の製品に直接集計できないものを間接材料費という。材料の消費高のうち，直接材料費は仕掛品（製造）勘定に，間接材料費は製造間接費勘定に振り替える。

労務費は製品の製造に直接作業した従業員の賃金で，特定の製品に直接集計できるものを直接労務費，特定の製品に直接集計できないものを間接労務費といい，直接労務費は仕掛品（製造）勘定に，間接労務費は製造間接費勘定に振り替える。

経費は製品の製造に関する費用のうち，材料費および労務費以外の費用である。経費のうち，特定の製品の製造に直接消費した外注加工費を**直接経費**といい，それ以外を**間接経費**という。直接経費は仕掛品（製造）勘定に，間接経費は製造間接費に振り替える。また，経費のうち販売費及び一般管理費に属するものがあれば，これを販売費及び一般管理費勘定に振り替える。

製造間接費勘定に集計された**製造間接費**は，後に一定の基準を設けて，特定の製品に配賦される。

以上の説明を踏まえた上で，総原価構成図を示せば以下のようになる。

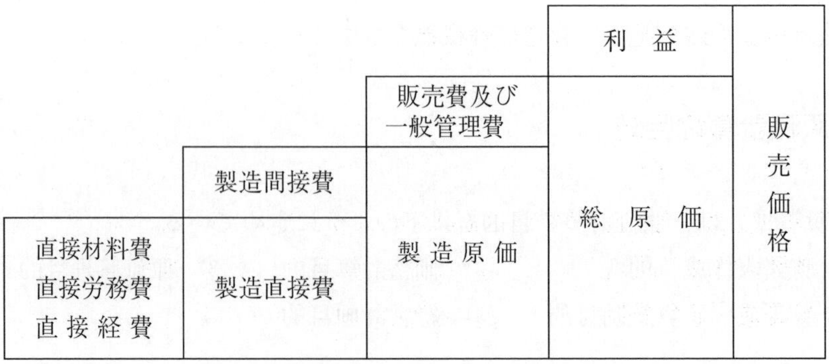

★5 工業簿記の基本的な流れ

工業簿記では，企業の購買活動，製造活動，販売活動について，記録・計算を行う。工業簿記の特徴は，原価計算から得られたデータをもとに，製造活動に関する仕訳および勘定記入を行うことにある。工業簿記では，製造活動を記録するために，まず原価要素の勘定として材料勘定，労務費勘定，経費勘定を設け，つぎに，この原価要素を集計する勘定として仕掛品（製造）勘定と製造間接費勘定を設ける。さらに，完成した製品の増減を処理するために製品勘定が設定される。

これらの勘定の流れを図示すれば以下のようになる。

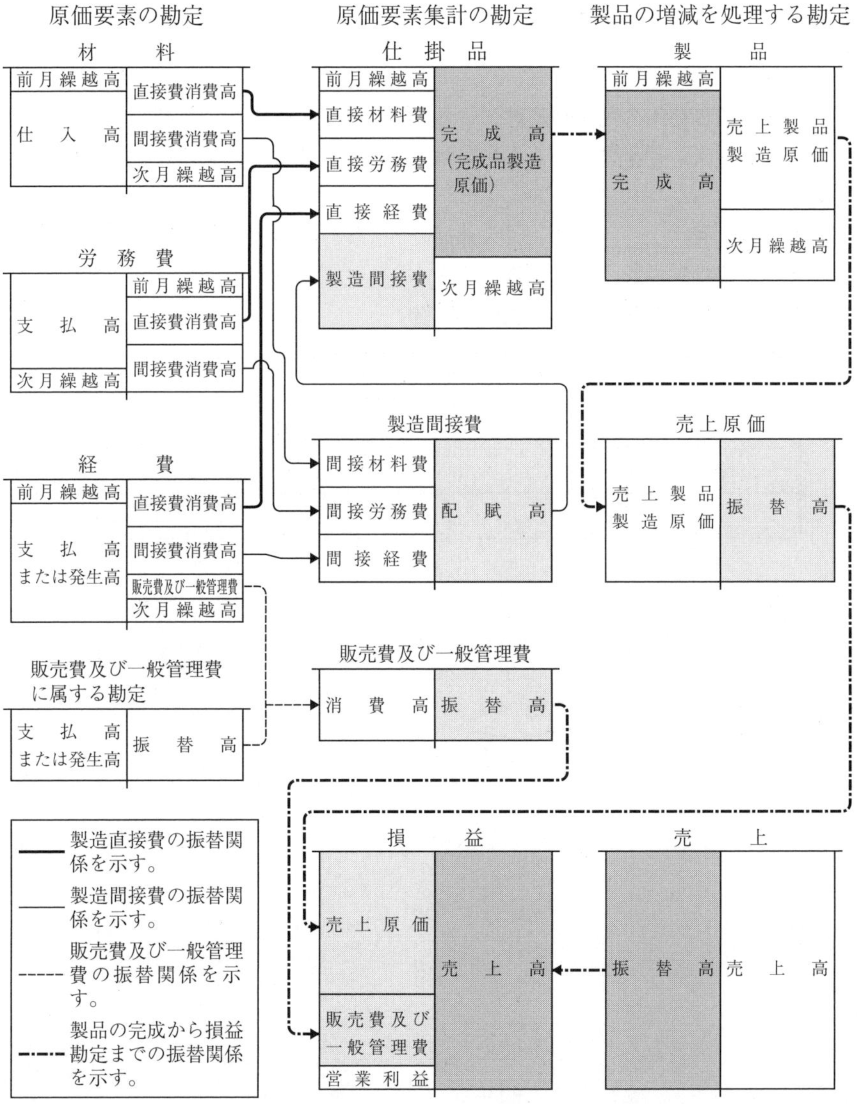

練習問題

★問題1　次の各項目について，原価計算制度上，原価項目とされるものに○印を，非原価項目とされるものに×印をつけなさい。

① 法人税　② 工場機械の減価償却費　③ 異常な仕損　④ 社員の研修費
⑤ 社員の通勤費　⑥ 水害による損失　⑦ 役員賞与　⑧ 臨時工の賃金
⑨ 工場拡張資金のための借入金の利息　⑩ 長期遊休施設の減価償却費

①	②	③	④	⑤
⑥	⑦	⑧	⑨	⑩

★問題2　次の製造原価要素の発生別形態による分類にかかわる下記の項目について，材料費となるものにはA，労務費となるものにはB，経費となるものにはCを解答欄に記入しなさい。

① 福利費　② 買入部品費　③ 消耗工具備品費　④ 棚卸減耗費
⑤ 工場消耗品費　⑥ 賃　金　⑦ 電力料　⑧ 素材費
⑨ 退職給付費用　⑩ 減価償却費

①	②	③	④	⑤
⑥	⑦	⑧	⑨	⑩

★ 問題 3　以下の資料にもとづいて，総原価構成図の（　　　）にあてはまる金額および項目を記入しなさい。

①　製造直接費は製造原価の60％である。
②　販売価格は総原価の10％増しで設定している。

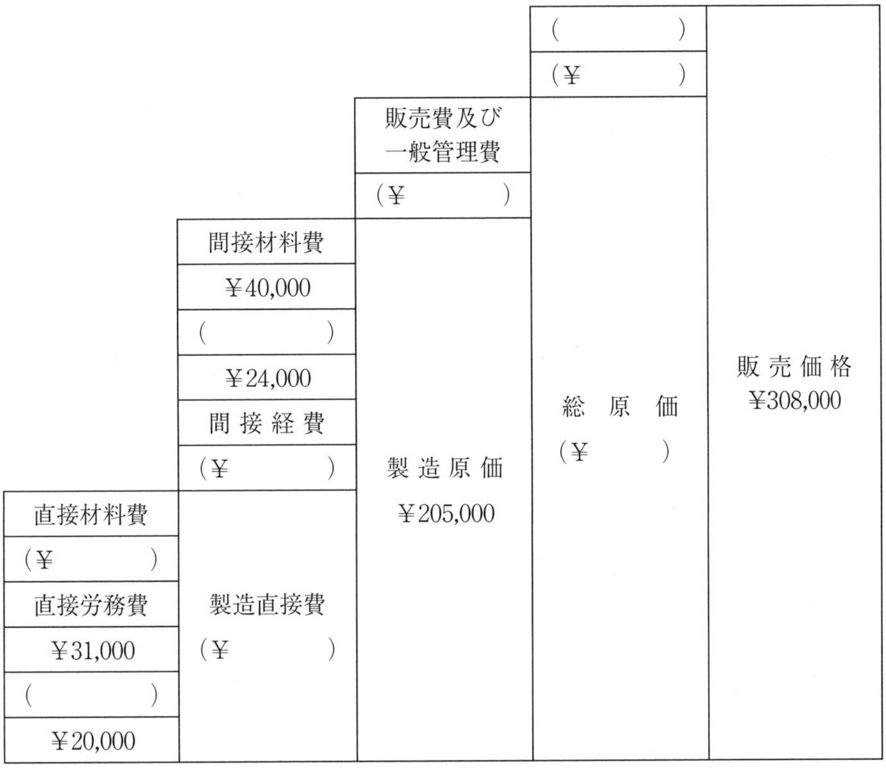

★ 問題 4　次の取引の仕訳を記入しなさい。

①　原材料¥300,000を仕入れ，代金は掛けとした。
②　①の材料について，直接材料費¥200,000，間接材料費¥100,000で消費した。
③　労務費¥400,000を現金で支払った。
④　③の労務費について，直接労務費¥240,000，間接労務費¥160,000で消費した。
⑤　経費¥200,000を現金で支払った。
⑥　⑤の経費について，直接経費¥50,000，間接経費¥150,000で消費した。
⑦　製造間接費¥410,000を製品に配賦した。
⑧　当月の完成品は¥900,000であった。
⑨　製品を¥950,000で販売し，代金を現金で受け取った。
⑩　売り上げた製品の製造原価は¥900,000である。
⑪　売上高および売上原価を損益勘定に振り替えた。

	借方科目	金　額	貸方科目	金　額
①				
②				
③				
④				
⑤				
⑥				
⑦				
⑧				
⑨				
⑩				
⑪				

第18章　材料費の計算

ポイント整理

★1　材料費の定義と分類

製品製造のために物品を消費したとき，その消費によって発生する原価を材料費という。材料費は，製造された一定単位の製品との関連で，直接材料費と間接材料費とに分けられるが，材料費の計算の際，直接材料費は製品に直課（賦課ともいう）され，間接材料費は製品に配賦される。

★2　材料費の計算方法

（1）材料消費高の計算

原価計算期間における材料消費高（実際材料費）の計算は，素材（原料，主要材料）と買入部品，燃料（補助材料）の場合は次の①の計算式，工場消耗品や消耗工具器具備品の場合は次の②の計算式で行われる。

① **材料消費高 ＝ 消費価格 × 実際消費数量**

② **材料消費高 ＝ 当該原価計算期間における買入額**

（2）材料の消費価格

材料消費高を計算する際，材料元帳で受払記録を行う材料の消費価格には，次の実際価格と予定価格とが用いられる。

① 実際価格

実際価格とは，その材料の単位当たり購入原価である。材料を購入した場合，材料購入原価は，通常，次のように計算される。

材料購入原価 ＝ 購入代価（材料主費）＋ 材料副費

ただし，材料副費 ＝ 外部材料副費 ＋ 内部材料副費

② 予定価格

予定価格とは，会計期間における材料の実際価格をあらかじめ予想することで設定される価格をいう。

（3）材料の実際消費数量

材料消費高を計算する際，材料の実際消費数量の把握には，継続記録法，棚卸計算法，逆計算法が用いられる。

★3 期末棚卸と棚卸減耗費

継続記録法を用いる場合には，帳簿残高（帳簿棚卸数量）と実地棚卸による実際有高（実地棚卸数量）との比較で棚卸減耗を把握する。ここで，棚卸減耗とは，材料の保管中に生じた破損・紛失・蒸発などによるロス（損失）をいい，次の計算式により，棚卸減耗費を算出する。

棚卸減耗費 ＝ 実際価格 ×（帳簿棚卸数量 － 実地棚卸数量）

なお，棚卸減耗費は，それが不可避的に発生したもの（正常の範囲内）であるならば，経費として製造原価に算入される。

練習問題

★ 問題１　製品製造業を営むM社の次の取引について仕訳をしなさい。

① @¥300／kgで素材1,000kgを購入し，代金は掛けとした。なお，素材を購入するにあたり，引取費用¥30,000は小切手を振り出して支払った。

② 素材800kgを製造指図No.２のために消費した。

③ 素材200kgを機械の修繕のために消費した。

	借方科目	金　　額	貸方科目	金　　額
①				
②				
③				

★ 問題２　製品製造業を営むM社の次の取引について仕訳をしなさい。

① @¥300／kgで素材1,000kgを購入し，代金は掛けとした。なお，M社は，素材の受け入れにあたり，購入代価の10％を内部材料副費として予定配賦している。

② 内部材料副費の実際発生額¥32,000を現金で支払った。

	借方科目	金　　額	貸方科目	金　　額
①				
②				

★ 問題３　製品製造業を営むM社は，素材の消費高の計算にあたり，予定価格法を採用している。M社の本年度における素材の予定購入量は10,000kg，予定購入代価は¥3,000,000であり，外部材料副費の予定配賦率は，購入代価の４％である。

当月，M社が素材1,000kgを掛けで購入し，そのうち800kgを製造指図書No.２のために消費するとした場合，次の問いに答えなさい。なお，M社は，内部材料副費を購入代価の10％として計算しており，内部材料副費の実際発生額¥32,000は現金で支払っている。

① 素材の予定消費高を計算し，適当な仕訳を示しなさい。

② 素材を@¥300／kgで購入したとき，適当な仕訳を示しなさい。なお，素材を引き取るにあたり生じた引取費用¥30,000は，小切手を振り出して支払ったものとする。

③ 素材の予定消費高と実際消費高の差異に関する仕訳を示しなさい。

	借方科目	金　額	貸方科目	金　額
①				
②				
③				

★問題4　製品製造業を営むM社の素材に関する下の資料にもとづいて,

a）継続記録法による場合，どのような数量データが把握されるか,

b）棚卸計算法による場合，どのような数量データが把握されるか,

を答えなさい。

期首在庫量	800kg
送り状で把握される当期受入数量	3,000kg
出庫票で把握される当期払出数量	2,800kg
実地棚卸で把握される期末在庫量	900kg

a）継続記録法による場合：実際消費数量　　　kg　　棚卸減耗量　　　kg

b）棚卸計算法による場合：実際消費数量　　　kg

★問題5　継続記録法を採用しているM社の素材に関する次の資料にもとづいて，棚卸減耗費を計算し，必要な仕訳を示しなさい。なお，棚卸減耗は，不可避的に発生したものとする。

期首在庫量	800kg（@¥12／kg）
送り状で把握される当期受入数量	3,000kg（@¥12／kg）
出庫票で把握される当期払出数量	2,800kg（@¥12／kg）
実地棚卸で把握される期末在庫量	900kg（@¥12／kg）

借方科目	金　額	貸方科目	金　額

第19章　労務費の計算

ポイント整理

★1　労務費の定義と分類

製品製造のために労働力を消費したとき，その消費によって発生する原価を**労務費**という。労務費は，製造された一定単位の製品との関連で，直接労務費と間接労務費とに分けられるが，労務費の計算の際，直接労務費は製品に直課（賦課ともいう）され，間接労務費は製品に配賦される。

★2　労務費の計算方法

（1）賃金消費高の計算

原価計算期間における賃金消費高の計算は，原価計算期間における直接工の労務費の場合は次の①の計算式，原価計算期間における間接工の労務費の場合は次の②の計算式で行われる。

① **賃金消費高 ＝ 消費賃率 × 実際作業時間（就業時間）**

② **賃金消費高 ＝ 当該原価計算期間の負担に属する要支払額**

なお，賃金消費高の計算では，賃金支払高の計算期間と賃金消費高の計算期間（原価計算期間）とが一致していない場合，次の計算式にあるように，賃金支払高から，前月分の賃金未払額を控除し，当月分の賃金未払額を加算することで，賃金消費高を算出する必要がある。

当月賃金消費高 ＝ 当月賃金支払高 － 前月賃金未払額 ＋ 当月賃金未払額

（2）直接工の消費賃率

製造部門の能率管理など，より正確な原価管理を目的に多くの企業が採用する時間給制にもとづいて賃金消費高を計算する際，作業時間票を基礎に確定される直接作業時間にかけあわされる消費賃率には，次の個別賃率と平均賃率の２つがあり，それぞれ実際賃率，予定賃率が組み合わされる。

① 個別賃率

個別賃率とは，賃金支払高の計算に用いた各直接工別の１時間当たりの賃率で，次の計算式により算出する。

$$個別賃率 = \frac{特定の直接工の基本賃金 + 加給金}{その直接工の総就業時間}$$

② 平均賃率

平均賃率とは，賃金支払高の計算に用いた各直接工別の１時間当たりの賃率の平均で，個別賃率を採用する場合に比べ，同じ製品でも，各直接工別の賃率の差で，製造原価が異なるなどの欠点を解消することができる点に特徴をもつ。そして，平均賃率は，次の計算式にあるように，工場全体の直接工の平均を計算するか，職種別の直接工の平均を計算するかで，総平均賃率と職種別平均賃率とに分けられる。

$$総平均賃率 = \frac{工場全体の直接工の基本賃金合計 + 加給金合計}{工場全体の直接工の総就業時間}$$

$$職種別平均賃率 = \frac{特定職種の直接工の基本賃金合計 + 加給金合計}{その職種の直接工の総就業時間}$$

③ 予定賃率

予定賃率とは，会計期間における賃金支払高と総就業時間をあらかじめ予想し，予定賃金支払高合計を予定総就業時間合計で除すことで設定される賃率をいう。

$$予定賃率 = \frac{会計期間の予定賃金支払高合計}{会計期間の予定総就業時間合計}$$

（３）直接工の実際作業時間

賃金の支払対象となる直接工の就業時間は，**直接作業時間・間接作業時間・手待時間**に分けられる。この就業時間の分類から，直接作業時間に対応する労務費は直接労務費，間接作業時間・手待時間に対応する労務費は間接労務費として計算される。

★ 3 その他の労務費

賃金以外のその他の労務費の計算に関しては，間接工の賃金消費高の計算と同様，次の計算式が用いられる。

実際労務費 ＝ 当該原価計算期間の負担に属する要支払額

なお，この計算においても，給与等計算期間と原価計算期間とが一致していない場合には，次の計算式にあるように，原価計算期間における実際の支払額から，前月分を控除し，当月分の未払額を加算することで，当該原価計算期間の負担に属する要支払額を算出する必要がある。

当月要支払額 ＝ 当月実際支払額 － 前月未払額 ＋ 当月未払額

練習問題

★問題１　製品製造業を営むM社の７月の取引について適当な仕訳を示しなさい。なお，M社の直接工に関する賃金支払高の計算期間は，賃金消費額の計算期間（原価計算期間）と一致しておらず，６月30日現在の賃金未払額は，￥100,000である。

① １日　賃金未払高に関し，再振替仕訳を行った。
② 25日　当月の賃金￥400,000を現金で支払った。
③ 31日　当月の賃金未払額は￥80,000であった。

	借方科目	金　額	貸方科目	金　額
①				
②				
③				

★問題２　製品製造業を営むM社の直接工に関する次の取引について仕訳をしなさい。なお，M社の直接工に関する賃金支払高の計算期間は，賃金消費高の計算期間（原価計算期間）と一致している。

① 次の諸条件にしたがって，直接工Ａと直接工Ｂの賃金等を現金で支払った。
直接工Ａ：基本賃金@￥1,000／h，実際作業時間（就業時間）140時間，加給金（時間外作業手当等）￥175,000，諸手当￥85,000，所得税￥40,000，健康保険料￥20,000
直接工Ｂ：基本賃金@￥700／h，実際作業時間（就業時間）160時間，加給金（時間外作業手当等）￥140,000，諸手当￥68,000，所得税￥32,000，健康保険料￥16,000
② 直接工Ａの作業時間の内訳は，作業時間票に製造指図書番号があるものが110時間，ないものが30時間であった。
③ 直接工Ｂの作業時間の内訳は，作業時間票に製造指図書番号があるものが120時間，ないものが40時間であった。

	借方科目	金　額	貸方科目	金　額
①				
②				
③				

★ 問題3 　製品製造業を営むM社は，直接工を4名採用しており，直接工Aと直接工Bを機械工，直接工Cと直接工Dを組立工に配置している。

当月，M社の労務費関係が 資料 である場合，次の問いに答えなさい。なお，M社の直接工に関する賃金支払高の計算期間は，賃金消費高の計算期間（原価計算期間）と一致している。

資料　直接工への賃金等の支払条件

	機械工		組立工	
	直接工A	直接工B	直接工C	直接工D
基本賃金	@¥1,000/h	@¥700/h	@¥1,200/h	@¥900/h
就業時間	140時間	160時間	100時間	120時間
直接作業時間	110時間	120時間	90時間	100時間
間接作業時間	30時間	40時間	10時間	20時間
加給金	¥175,000	¥140,000	¥144,000	¥129,600
諸手当	¥85,000	¥68,000	¥96,000	¥62,400
所得税	¥40,000	¥32,000	¥36,000	¥30,000
健康保険料	¥20,000	¥16,000	¥18,000	¥15,000

① 賃金等を現金で支払った際の仕訳をしなさい。
② 総平均賃率を採用した場合，賃金消費に関する仕訳をしなさい。
③ 職種別平均賃率を採用した場合，賃金消費に関する仕訳をしなさい。

	借方科目	金額	貸方科目	金額
①				
②				
③				

★ 問題4 　製品製造業を営むM社は，直接工を4名採用している。本年度，M社は予定賃率を採用するため，直接工への基本賃金と加給金の予定支払高および予定総就業時間を 資料1 のように見積もった。

当月，M社の労務費関係が 資料2 である場合，次の問いに答えなさい。なお，M社の直接工に関する賃金支払高の計算期間は，賃金消費高の計算期間（原価計算期間）と一致している。

資料1　直接工への予定支払高および予定総就業時間

	機械工		組立工	
	直接工A	直接工B	直接工C	直接工D
基本賃金	¥1,980,000	¥1,260,000	¥2,160,000	¥1,440,000
加給金	¥2,475,000	¥1,575,000	¥2,700,000	¥1,800,000
合計	¥4,455,000	¥2,835,000	¥4,860,000	¥3,240,000
就業時間	1,800時間	1,800時間	1,800時間	1,800時間

資料2　直接工への賃金等の支払条件

	機械工		組立工	
	直接工A	直接工B	直接工C	直接工D
基本賃金	@¥1,000/h	@¥700/h	@¥1,200/h	@¥900/h
就業時間	140時間	160時間	100時間	120時間
直接作業時間	110時間	120時間	90時間	100時間
間接作業時間	30時間	40時間	10時間	20時間
加給金	¥175,000	¥140,000	¥144,000	¥129,600
諸手当	¥85,000	¥68,000	¥96,000	¥62,400
所得税	¥40,000	¥32,000	¥36,000	¥30,000
健康保険料	¥20,000	¥16,000	¥18,000	¥15,000

① 予定総平均賃率・予定職種別平均賃率をそれぞれ計算し，適当な仕訳を示しなさい。

② 予定総平均賃率・予定職種別平均賃率をそれぞれ採用する場合で，実際に賃金が支払われた際になす，予定消費高と実際消費高の差異に関する仕訳を示しなさい。

	借方科目	金額	貸方科目	金額
①	－予定総平均賃率を採用した場合－			
	－予定職種別平均賃率を採用した場合－			
②	－予定総平均賃率を採用した場合－			
	－予定職種別平均賃率を採用した場合－			

★ 問題5　製品製造業を営むM社は，本年度，予定賃率を採用し，直接工への予定支払高および予定総就業時間を 資料1 のように見積もった。
当月，M社の労務費関係が 資料2 ・ 資料3 である場合，次の問いに答えなさい。なお，M社は，前月賃金未払額が¥300,000ある。

資料1　直接工への予定支払高および予定総就業時間

	機械工		組立工	
	直接工A	直接工B	直接工C	直接工D
基本賃金	¥1,980,000	¥1,260,000	¥2,160,000	¥1,440,000
加給金	¥2,475,000	¥1,575,000	¥2,700,000	¥1,800,000
合計	¥4,455,000	¥2,835,000	¥4,860,000	¥3,240,000
就業時間	1,800時間	1,800時間	1,800時間	1,800時間

資料2　直接工の勤務時間

	機械工		組立工	
	直接工A	直接工B	直接工C	直接工D
勤務時間	150時間	170時間	120時間	140時間
職場離脱時間	10時間	10時間	20時間	5時間
直接作業時間	130時間	145時間	90時間	100時間
間接作業時間	10時間	15時間	10時間	35時間

資料3　直接工への賃金

当月賃金支払高　¥1,200,000
当月賃金未払高　¥　240,000

① 予定総平均賃率・予定職種別平均賃率をそれぞれ計算し，適当な仕訳を示しなさい。

② 予定総平均賃率・予定職種別平均賃率をそれぞれ採用する場合で，実際の賃金消費高が計算された際の，予定消費高と実際消費高の差異に関する仕訳を示しなさい。

	借方科目	金額	貸方科目	金額
①	－予定総平均賃率を採用した場合－			
	－予定職種別平均賃率を採用した場合－			

②	−予定総平均賃率を採用した場合−			
	−予定職種別平均賃率を採用した場合−			

問題6 製品製造業を営むM社の次の取引について仕訳をしなさい。なお，M社の会計期間は，1月1日から12月31日までの1年間である。

① 12月31日，退職給付費用として¥700,000（月割額），健康保険料の事業主負担分¥80,000を計上した。

② 12月31日，決算に際し，退職給付引当金1年分を計上した。

③ 1月10日，健康保険料を小切手を振り出して健康保険組合に支払った。なお，従業員負担の健康保険料は，事業主負担額と同額である。

④ 1月20日，従業員の退職に際し，退職金¥7,000,000を現金で支払った。

	借方科目	金額	貸方科目	金額
①				
②				
③				
④				

第20章　経費の計算

ポイント整理

★1　経費の定義と分類

製品製造のために物品や労働力以外の資源を消費したとき，その消費によって発生する原価を経費という。経費も，材料費や労務費と同じように，製造された一定単位の製品との関連で，直接経費と間接経費とに分けられるが，経費の計算の際，直接経費は製品に直課（賦課ともいう）され，間接経費は製品に配賦される。

★2　経費の計算方法

（1）経費消費高の計算

原価計算期間における経費消費高は，経費が発生し，支払いを行った場合の支払高で把握する。ただし，必要があれば，支払高ではなく予定額や予定価格を用いることができる。

（2）経費消費高の把握方法

原価計算期間における経費消費高は，その計算方法の違いにより，次の4つの方法のいずれかで把握される。

①　支払経費

支払伝票または支払請求書に記載された現金実際支払額または支払請求額をもって原価計算期間における原価とする経費をいう。

経費消費高 ＝ 当期支払高 ＋ 前期前払額 － 前期未払額 － 当期前払額 ＋ 当期未払額

②　測定経費

実際の支払高とは別に，計量器で内部的に検針して測定した消費数量に一定の料率を乗じることで計算される消費高をもって原価計算期間における原価とする経費をいう。

③　月割経費

原価計算期間における支払高を月割計算することで把握される消費高を原価とする経費をいう。

④　発生経費

ある事象の発生の事実を直接の根拠として計算される計上高を原価計算期間における原価とする経費をいう。

3 複合費（複合経費）

材料費，労務費，経費という形態別分類をせず，ある特定の目的や機能のために，それらの２つないし３つの費目を複合して１つの費目にした場合の経費をいう。

練習問題

★ 問題 1　製品製造業を営むM社の次の取引について仕訳をしなさい。

①　6月20日　下請企業に対する6月1日から6月20日分の外注加工賃￥200,000を現金で支払った。

②　6月30日　6月21日から6月30日までの外注加工賃￥100,000について支払請求書を受け取った。

③　6月30日　月末に際し，支払経費について消費の仕訳を行った。なお，外注加工賃につき，前月の前払額・未払額はないものとする。

	借方科目	金　額	貸方科目	金　額
①				
②				
③				

★ 問題 2　製品製造業を営むM社の次の取引について仕訳をしなさい。

①　6月20日　5月16日から6月15日分の電力消費数量にもとづいて計算された電力料￥50,000を請求され，現金で支払った。

②　6月30日　月末に際し，測定経費について消費の仕訳を行った。なお，当月の経費測定表では，基本料金￥20,000，従量料金＠￥22／kWhの電力料は，次のようになっている。

電力消費kWh　　前月末日 2,700kWh　　当月末日 4,100kWh

	借方科目	金　額	貸方科目	金　額
①				
②				

★ 問題 3　製品製造業を営むM社の次の取引について仕訳をしなさい。

①　7月1日　7月1日から12月31日までの保険料￥60,000につき，現金で支払った。

②　7月31日　月末に際し，月割経費について消費の仕訳を行った。

	借方科目	金　額	貸方科目	金　額
①				
②				

★ 問題 4　先入先出法を採用しているM社の素材に関する次の資料にもとづいて，棚卸減耗費を計算し，発生経費に必要な仕訳を示しなさい。なお，素材の月初在庫量，当月受入数量の

単価は，それぞれすべて@¥10／kg，@¥12／kgであり，当月の受け入れ・払い出しは，それぞれ１回の取引でなされている。また，棚卸減耗は，不可避的に発生したものとする。

月初在庫量	800kg（@¥10／kg）
当月受入数量	3,000kg（@¥12／kg）
当月払出数量	2,800kg
実地棚卸で把握される月末在庫量	900kg

借方科目	金　額	貸方科目	金　額

問題５　製品製造業を営むM社は，製品を製造するため保有する機械に問題をみつけたため，次の取引を行った。

① 修繕用の素材100kg（@¥300／kg）を購入し，代金は現金で支払った。
② 直接工（@¥1,200／h）を７時間の修繕作業に従事させ，代金は現金で支払った。
③ 外部へ修繕を委託し，代金¥40,000は小切手で支払った。

これらの取引にもとづいて，次の問いに答えなさい。

a）各取引の仕訳をしなさい。
b）単純経費について消費の仕訳を行いなさい。
c）複合経費について消費の仕訳を行いなさい。

		借方科目	金　額	貸方科目	金　額
a）	①				
	②				
	③				
b）					
c）					

第21章　製造間接費の計算

ポイント整理

★1 製造間接費の定義と分類

製品製造のために消費した原価のうち，各製品種類に間接的・共通的に発生する原価を製造間接費という。間接材料費や間接労務費，間接経費に分類される製造間接費は，直接材料費や直接労務費，直接経費のような製造直接費とは異なるため，製造間接費を各製品種類に直接集計（直課あるいは賦課という）することはむずかしいが，何らかの合理的な基準により各製品種類に配賦し，集計することが必要となる。

★2 製造間接費の配賦基準

原価計算期間における製造間接費の計算を費目別計算と製品別計算の２つの原価計算段階で行い，部門別計算を省略する方法を総括配賦という。総括配賦では，単一の配賦基準で，製造間接費を各製品種類に配賦するが，この配賦基準には，通常，製造活動における活動量の変化に高い感度で相関して変化する数値であることと，製造間接費の発生額の変化に高い感度で相関して変化する数値であることの２つを同時にみたすことが求められる。

★3 製造間接費の計算－実際配賦－

原価計算期間における製造間接費の実際発生額にもとづいて事後的に算定される実際配賦率で製造間接費を各製品種類へ配賦する実際配賦額の計算は，次の計算式で行われる。

$$\text{実際配賦額} = \text{実際配賦率} \times \text{各製品種類の実際配賦基準数値}$$

$$\text{ただし，実際配賦率} = \frac{\text{原価計算期間の製造間接費実際発生額}}{\text{同一原価計算期間の実際配賦基準数値総数}}$$

製造間接費の実際配賦は，製造間接費の実際発生額および実際配賦基準数値総数に関する実績値にもとづくため，(1) 製品の原価計算が遅れること，(2) 原価計算期間ごとの製品の単位原価が変動することなどの欠点をもつ。

★ 4 製造間接費の計算－予定配賦－

原価計算期間における製造間接費の予定発生額にもとづいて事前的に算定される予定配賦率で製造間接費を各製品種類へ配賦する予定配賦額の計算は，次の計算式で行われる。

予定配賦額 ＝ 予定配賦率 × 各製品種類の実際配賦基準数値

$$\text{ただし，予定配賦率} = \frac{\text{会計期間の製造間接費予定発生額}}{\text{同一会計期間の予定配賦基準数値総数}}$$

★ 5 製造間接費配賦差異の差異分析

製造間接費を予定配賦する場合には，予定配賦額と実際発生額とのあいだに，製造間接費配賦差異を生じる。この製造間接費配賦差異は，固定予算・変動予算で設定された製造間接費予算額を分析し，是正措置を講じるうえで有用であるため，次の計算式にあるように，製造間接費配賦差異を総差異として把握した後，当該差異を予算差異と操業度差異の２つの差異に分解し，分析する。

製造間接費配賦差異（総差異）＝ 予定配賦額 － 実際発生額
＝ 予算差異 ＋ 操業度差異

ただし，予 算 差 異 ＝ 予算許容額 － 実際発生額
操業度差異 ＝ 予定配賦額 － 予算許容額　とする。

なお，製造間接費配賦差異勘定で把握される予定配賦額と実際発生額との差額の残高は，営業外損益として処理する異常な場合を除き，原則として，会計年度末に売上原価勘定に振り替えられ，売上原価に賦課される。

練習問題

★ 問題１ 製品製造業を営むM社の製造間接費と配賦基準に関するデータが 資料 である場合，次の問いに答えなさい。なお，M社の熟練工の消費賃率は，@¥2,600／h，不熟練工の消費賃率は，@¥1,200／hである。

資料 製造間接費と配賦基準に関するデータ

	No.101	No.102	No.103	工場全体
直接材料費	¥800,000	¥500,000	¥300,000	¥1,600,000
直接労務費	¥?	¥?	¥?	¥?
直接経費	¥250,000	¥150,000	¥100,000	¥500,000
製造間接費	¥?	¥?	¥?	¥2,800,000
直接作業時間	300時間	240時間	160時間	700時間
熟練工	180時間	140時間	80時間	400時間
不熟練工	120時間	100時間	80時間	300時間
機械運転時間	90時間	150時間	160時間	400時間

① 配賦基準に直接材料費法を採用した場合，製造指図書 No.101に関する配賦の仕訳を示しなさい。

② 配賦基準に直接労務費法を採用した場合，製造指図書 No.101に関する配賦の仕訳を示しなさい。

③ 配賦基準に直接費法を採用した場合，製造指図書 No.101に関する配賦の仕訳を示しなさい。

④ 配賦基準に直接作業時間法を採用した場合，製造指図書 No.101に関する配賦の仕訳を示しなさい。

⑤ 配賦基準に機械運転時間法を採用した場合，製造指図書 No.101に関する配賦の仕訳を示しなさい。

	借方科目	金額	貸方科目	金額
①				
②				
③				
④				
⑤				

★ 問題２ 製品製造業を営むM社の製造間接費を固定製造間接費と変動製造間接費とに区分し，それぞれの発生態様を分析した結果が 資料 である場合，次の問いに答えなさい。なお，M社は，製造間接費の配賦基準に機械運転時間法を採用しており，製造指図書No.101の機械運転時間はいずれの場合も80時間であるとする。

資料　製造間接費に関するデータ

	月間の固定費	変動費率
変動製造間接費		
工場消耗品費	－	@¥200／h
間接工賃金	－	@¥900／h
電力料	－	@¥300／h
固定製造間接費		
監督費	¥240,000	－
固定資産税	¥100,000	－
減価償却費	¥160,000	－
	¥500,000	@¥1,400／h

① 機械運転時間が200時間である場合，製造指図書 No.101に関する配賦の仕訳を示しなさい。

② 機械運転時間が250時間である場合，製造指図書 No.101に関する配賦の仕訳を示しなさい。

	借方科目	金額	貸方科目	金額
①				
②				

★ 問題3　製品製造業を営むM社は製造間接費の配賦に機械運転時間法による予定配賦を採用している。配賦基準に関するすべてのデータが 資料 である場合，次の問いに答えなさい。

資料　製造間接費と配賦基準に関するデータ

1　製造間接費年間予測データ

（1）基準操業度（機械運転時間）　3,000時間

（2）製造間接費予算額　¥10,200,000

2　原価計算期間実績データ

	No.101	No.102	No.103
実際操業度			
機械運転時間	80時間	70時間	50時間
変動製造間接費			
工場消耗品費	¥8,000	¥7,000	¥5,000
間接工賃金	¥80,000	¥70,000	¥50,000
電力料	¥32,000	¥28,000	¥20,000
固定製造間接費			
監督費	¥240,000		
固定資産税	¥100,000		
減価償却費	¥160,000		

① 予定配賦に関する仕訳を示しなさい。
② 製造間接費配賦差異に関する仕訳を示しなさい。
③ 製造間接費配賦差異が会計年度末の残高である場合に売上原価に賦課する仕訳を示しなさい。

	借方科目	金　額	貸方科目	金　額
①				
②				
③				

★**問題4** 製品製造業を営むM社は製造間接費の配賦に機械運転時間法による予定配賦を採用している。配賦基準に関するすべてのデータが 資料 である場合，次の問いに答えなさい。

資料　製造間接費と配賦基準に関するデータ

1　製造間接費年間予測データ
（1）基準操業度（機械運転時間）

No.101	1,200時間
No.102	1,080時間
No.103	720時間

（2）製造間接費予算額（変動予算）

年間固定額	監督費	¥2,880,000
	固定資産税	¥1,200,000
	減価償却費	¥1,920,000
変動費率	工場消耗品費	@¥200／h
	間接工賃金	@¥900／h
	電力料	@¥300／h

2　原価計算期間実績データ

	No.101	No.102	No.103
実際操業度			
機械運転時間	80時間	70時間	50時間
変動製造間接費			
工場消耗品費	¥8,000	¥7,000	¥5,000
間接工賃金	¥80,000	¥70,000	¥50,000
電力料	¥32,000	¥28,000	¥20,000
固定製造間接費			
監督費	¥240,000		
固定資産税	¥100,000		
減価償却費	¥160,000		

① 予定配賦に関する仕訳を示しなさい。
② 製造間接費配賦差異に関する仕訳を示しなさい。
③ 製造間接費配賦差異を差異分析する際の仕訳を示しなさい。

	借方科目	金額	貸方科目	金額
①				
②				
③				

★問題５ 製品製造業を営むM社は製造間接費の配賦に機械運転時間法による予定配賦を採用している。配賦基準に関するすべてのデータが資料である場合，次の問いに答えなさい。

資料 製造間接費と配賦基準に関するデータ

1 製造間接費年間予測データ

（1）基準操業度（機械運転時間）

No.101	1,200時間
No.102	1,080時間
No.103	720時間

（2）製造間接費予算額（固定予算） ￥10,200,000

2 原価計算期間実績データ

	No.101	No.102	No.103
実際操業度			
機械運転時間	80時間	70時間	50時間
変動製造間接費			
工場消耗品費	@￥100／h		
間接工賃金	@￥1,000／h		
電力料	@￥400／h		
固定製造間接費			
監督費	￥240,000		
固定資産税	￥100,000		
減価償却費	￥160,000		

① 予定配賦に関する仕訳を示しなさい。
② 製造間接費配賦差異に関する仕訳を示しなさい。
③ 製造間接費配賦差異を差異分析する際の仕訳を示しなさい。

	借方科目	金　額	貸方科目	金　額
①				
②				
③				

第22章　原価の部門別計算

ポイント整理

★1　部門別計算の定義と目的

費目別計算において把握された原価要素を，各原価部門別に分類集計する手続きを原価の部門別計算という。この部門別計算は，製造間接費を原価計算する際の第2次の計算段階であり，(1) 合理的で正確な製品原価の計算と (2) 適切な原価管理に役立つ原価情報の提供を目的とする。

★2　原価部門の設定

製品原価計算で，より合理的な製造間接費の配賦計算を行うため，部門別計算を実施し，各グループ別の適切な配賦基準で，製造間接費を各製品種類に配賦する方法を製造間接費の部門別配賦という。部門別配賦では，原価要素を分類集計する計算組織上の区分として，原価部門が設けられる。

★3　部門費の集計

★（1）部門費の第1次集計

製造間接費の部門別計算で，各製造指図書の製造間接費配賦額を計算するため，各原価部門に集計される部門費は，部門個別費と部門共通費とに分類され，次の計算式にしたがって，部門個別費はその原価部門に直課する，部門共通費は関係する原価部門に配賦するという手続きをとる。

部門費 ＝ 各原価部門の部門個別費 ＋ 部門共通費配賦額

$$\text{ただし，部門共通費配賦額} = \frac{\text{特定の原価部門の配賦基準量}}{\text{全原価部門の配賦基準量総数}} \times \text{部門共通費}$$

この手続きを部門費の第１次集計というが，部門共通費の配賦には，①配賦されるべき部門共通費の発生額と配賦基準とのあいだに相関関係があることや，②各原価部門に共通の基準であること，③配賦基準量の把握が経済的に可能であること，などを考慮しなければならない。

★（２）部門費の第２次集計

部門別計算では，部門費の第１次集計で，補助部門に集計された製造間接費（補助部門費）は，次の計算式にしたがって，補助部門費を各製造部門にいったん配賦したうえで，補助部門費からの配賦額をも含んだ製造部門費を各製品種類に配賦するという手続きをとる。

製造部門費 ＝ 各製造部門の部門費 ＋ 補助部門費配賦額

$$\text{ただし，補助部門費配賦額} = \frac{\text{特定の原価部門の配賦基準量}}{\text{全対象原価部門の配賦基準量総数}} \times \text{補助部門費}$$

この手続きを部門費の第２次集計というが，第２次集計では，補助部門費の用役（サービス）の利用の程度をどの程度考慮するかにより，次のような方法が考えられる。

★①　直接配賦法

補助部門間相互の用役（サービス）授受の事実を配賦計算上すべて無視して，補助部門費を製造部門に対してのみ配賦する方法をいう。

②　階梯式配賦法

補助部門間相互の用役（サービス）授受に，⑴他の補助部門への用役（サービス）提供先の数［第１基準］と，⑵他の補助部門への補助部門費の金額［第２基準］とで優先順位をつけ，優先順位の高い補助部門から低い補助部門への用役（サービス）提供の事実は配賦計算上も認めるが，低い補助部門から高い補助部門への用役（サービス）提供の事実は配賦計算上無視して配賦する方法をいう。

③　相互配賦法

補助部門間相互の用役（サービス）授受の事実を配賦計算上すべて認めて，補助部門費を配賦する方法をいう。

相互配賦法は，部門間の用役（サービス）の提供割合をすべて考慮するため，補助部門費発生の実態に合致した最も正確な配賦方法であるが，ある補助部門が他の補助部門に用役（サービス）を提供したという事実から，他の補助部門に補助部門費を配賦したとしても，その補助部門費の一部は，用役（サービス）を提供した補助部門に他の補助部門からの配賦というかたちでかえってくるため，補助部門間相互における用役（サービス）の授受が循環する。そこで，「製造工業原価計算要綱」に規定する相互配賦法（要綱の相互配賦法）では，配賦手続きを補助部門間相互の用役（サービス）授受をも含めた事実にもとづいて，各補助部門費を配賦する第１次配賦と，それら事実をすべて無視した直接配賦法による第２次配賦とで配賦計算を実施する簡便な方法を採用している。

④　複数基準配賦法

部門費の第２次集計で，補助部門費を配賦する基準には，補助部門費を固定費と変動費とに区分することなく，単一の配賦基準で関係する原価部門に配賦する単一基準配賦法と，補助部門費をキャパシティ・コストとしての固定費とアクティビティ・コストとしての変動費とに区分して，関係する原価部門に配賦する複数基準配賦法とがある。

★4　製造部門費の配賦

（１）実際配賦

部門別計算において，部門費の第１次集計と第２次集計の結果，把握された製造部門費の実際配賦は，次の計算式で行われる。

実際配賦額 ＝ 部門別実際配賦率 × 各製品種類の実際配賦基準数値

$$\text{ただし，部門別実際配賦率} = \frac{\text{原価計算期間の製造間接費実際発生額}}{\text{同一原価計算期間の実際配賦基準数値総数}}$$

この計算手続きは，前章の「製造間接費の計算－実際配賦－」の手続きを，各製造部門別に適用するものである。そのため，この部門別計算における製造部門費の実際配賦でも，⑴計算の遅れや，⑵単位原価の変動といった２つの問題が存在する。

（２）予定配賦

製造部門費の予定配賦は，次の計算式で行われる。

予定配賦額 ＝ 部門別予定配賦率 × 各製品種類の実際配賦基準数値

$$\text{ただし，部門別予定配賦率} = \frac{\text{会計期間の製造部門費予定発生額}}{\text{同一会計期間の予定配賦基準数値総数}}$$

★5　製造部門費配賦差異の差異分析

製造部門費を予定配賦する場合には，予定配賦額と実際発生額とのあいだに，製造部門費配賦差異を生じる。この製造部門費配賦差異は，予定配賦率を算定する際の計算式の分子に製造部門費予算額を用いている場合には，なぜそのような配賦差異が生じたのかを分析し，是正措置を講じることが原価管理上の意味をもつため，次の計算式にあるように，製造部門費配賦差異を総差異として把握した後，当該差異を予算差異と操業度差異の２つの差異に分解し，分析する方法である。

製造部門費配賦差異（総差異）＝ **予定配賦額 － 実際発生額**

＝ **予算差異 ＋ 操業度差異**

ただし，予 算 差 異 ＝ 予算許容額 － 実際発生額

操業度差異 ＝ 予定配賦額 － 予算許容額　とする。

なお，製造部門費配賦差異勘定で把握される予定配賦額と実際発生額との差額の残高は，営業外損益として処理する異常な場合を除き，原則として，会計年度末に売上原価勘定に振り替えられ，売上原価に賦課される。

練習問題

★ 問題1 製品製造業を営むM社は，２つの製造部門（加工部門，組立部門）と３つの補助部門（動力部門，修繕部門，事務部門）をもち，部門費の計算を行っている。当月の製造間接費に関するデータが 資料１，部門共通費の配賦基準が 資料２ である場合，製造間接費を各原価部門費勘定に振り替えるための仕訳を示しなさい。

資料１ 製造間接費に関するデータ

		加工部門	組立部門	動力部門	修繕部門	事務部門
個別費	間接材料費	￥360,000	￥400,000	￥60,000	￥90,000	―
	間接労務費	￥400,000	￥320,000	￥20,000	￥36,000	￥22,000
	間接経費	￥140,000	￥228,000	￥16,000	￥30,000	￥8,000
共通費	福利厚生費	￥480,000				
	建物減価償却費	￥600,000				

資料２ 部門共通費の配賦基準

	合計	加工部門	組立部門	動力部門	修繕部門	事務部門
従業員数	80人	25人	15人	10人	10人	20人
専有面積	500m²	200m²	180m²	30m²	70m²	20m²

借方科目	金額	貸方科目	金額

★ 問題2 製品製造業を営むM社は，２つの製造部門（加工部門，組立部門）と３つの補助部門（動力部門，修繕部門，事務部門）をもち，部門費の計算を行っている。当月の製造間接費に関するデータが 資料１，部門共通費の配賦基準が 資料２，補助部門費の配賦基準が 資料３ である場合，次の問いに答えなさい。なお，M社は，補助部門費の配賦基準に直接配賦法を採用している。

資料１ 製造間接費に関するデータ

		加工部門	組立部門	動力部門	修繕部門	事務部門
個別費	間接材料費	￥360,000	￥400,000	￥60,000	￥90,000	―
	間接労務費	￥400,000	￥320,000	￥20,000	￥36,000	￥22,000
	間接経費	￥140,000	￥228,000	￥16,000	￥30,000	￥8,000
共通費	福利厚生費	￥480,000				
	建物減価償却費	￥600,000				

資料2　部門共通費の配賦基準

	合　計	加工部門	組立部門	動力部門	修繕部門	事務部門
従業員数	80人	25人	15人	10人	10人	20人
専有面積	500m²	200m²	180m²	30m²	70m²	20m²

資料3　補助部門費の配賦基準

	合　計	加工部門	組立部門	動力部門	修繕部門	事務部門
動力消費量	1,000kwh	500kwh	300kwh	−	150kwh	50kwh
修繕作業時間	60時間	30時間	20時間	10時間	−	−
従業員数	80人	25人	15人	10人	10人	20人

① 製造間接費を各原価部門費勘定に振り替える仕訳を示しなさい。

② 補助部門費を各製造部門費勘定に振り替える仕訳を示しなさい。

	借方科目	金　額	貸方科目	金　額
①				
②				

問題3　製品製造業を営むM社は，2つの製造部門（加工部門，組立部門）と3つの補助部門（動力部門，修繕部門，事務部門）をもち，部門費の計算を行っている。当月の製造間接費に関するデータが 資料1 ，部門共通費の配賦基準が 資料2 ，補助部門費の配賦基準が 資料3 である場合，次の問いに答えなさい。なお，M社は，補助部門費の配賦基準に階梯式配賦法を採用している。

資料1　製造間接費に関するデータ

		加工部門	組立部門	動力部門	修繕部門	事務部門
個別費	間接材料費	¥360,000	¥400,000	¥60,000	¥90,000	−
	間接労務費	¥400,000	¥320,000	¥20,000	¥36,000	¥22,000
	間接経費	¥140,000	¥228,000	¥16,000	¥30,000	¥8,000
共通費	福利厚生費	¥480,000				
	建物減価償却費	¥600,000				

資料2　部門共通費の配賦基準

	合　計	加工部門	組立部門	動力部門	修繕部門	事務部門
従業員数	80人	25人	15人	10人	10人	20人
専有面積	500m²	200m²	180m²	30m²	70m²	20m²

資料3 補助部門費の配賦基準

	合 計	加工部門	組立部門	動力部門	修繕部門	事務部門
動力消費量	1,000kwh	500kwh	300kwh	—	150kwh	50kwh
修繕作業時間	60時間	30時間	20時間	10時間	—	—
従業員数	80人	25人	15人	10人	10人	20人

① 製造間接費を各原価部門費勘定に振り替える仕訳を示しなさい。
② 補助部門費を各製造部門費勘定に振り替える仕訳を示しなさい。

	借方科目	金 額	貸方科目	金 額
①				
②				

問題4 製品製造業を営むM社は，2つの製造部門（加工部門，組立部門）と3つの補助部門（動力部門，修繕部門，事務部門）をもち，部門費の計算を行っている。当月の製造間接費に関するデータが 資料1 ，部門共通費の配賦基準が 資料2 ，補助部門費の配賦基準が 資料3 である場合，次の問いに答えなさい。なお，M社は，補助部門費の配賦基準に「製造工業原価計算要綱」に規定する相互配賦法（要綱の相互配賦法）を採用している。

資料1 製造間接費に関するデータ

		加工部門	組立部門	動力部門	修繕部門	事務部門
個別費	間接材料費	¥360,000	¥400,000	¥60,000	¥90,000	—
	間接労務費	¥400,000	¥320,000	¥20,000	¥36,000	¥22,000
	間接経費	¥140,000	¥228,000	¥16,000	¥30,000	¥8,000
共通費	福利厚生費	¥480,000				
	建物減価償却費	¥600,000				

資料2　部門共通費の配賦基準

	合　計	加工部門	組立部門	動力部門	修繕部門	事務部門
従業員数	80人	25人	15人	10人	10人	20人
専有面積	500㎡	200㎡	180㎡	30㎡	70㎡	20㎡

資料3　補助部門費の配賦基準

	合　計	加工部門	組立部門	動力部門	修繕部門	事務部門
動力消費量	1,000kwh	500kwh	300kwh	－	150kwh	50kwh
修繕作業時間	60時間	30時間	20時間	10時間	－	－
従業員数	80人	25人	15人	10人	10人	20人

① 製造間接費を各原価部門費勘定に振り替える仕訳を示しなさい。

② 補助部門費を各製造部門費勘定に振り替える仕訳を示しなさい。

	借方科目	金　額	貸方科目	金　額
①				
②				

★ 問題5 製品製造業を営むM社は，2つの製造部門（加工部門，組立部門）と1つの補助部門（動力部門）をもち，部門費の計算には予定配賦を採用している。予定配賦に関する年間データが 資料1 ，実際配賦に関する月次データが 資料2 である場合，次の問いに答えなさい。なお，M社の補助部門費は，単一配賦法により配賦しており，補助部門の固定費部分の配賦額は製造部門でも固定費，変動費部分の配賦額は製造部門でも変動費として処理している。

資料1 予定配賦に関する年間データ

	加工部門	組立部門	動力部門
配賦基準	機械作業時間	直接作業時間	動力供給量
基準操業度	24,000時間	12,000時間	66,000kwh
部門個別費予算額（変動予算）			
変動費率	@¥200／h	@¥225／h	@¥10／kwh
年間固定額	¥9,600,000	¥6,000,000	¥2,040,000
部門共通費予算額	¥6,000,000		
配賦割合	60%	30%	10%

なお，動力部門の動力供給量のうち，48,000kwhは加工部門，残りは組立部門に対するものである。

資料2 実際配賦に関する月次データ

	加工部門	組立部門	動力部門
実際操業度	1,800時間	800時間	5,000kwh
部門個別費実際発生額			
変動費	¥450,000	¥160,000	¥75,000
固定費	¥800,000	¥500,000	¥170,000
部門共通費実際発生額	¥500,000		
配賦割合	60%	30%	10%

なお，動力部門の動力供給量のうち，4,000kwhは加工部門，残りは組立部門に対するものである。

① 加工部門と組立部門の予定配賦に関する仕訳を示しなさい。

② 補助部門費の配賦計算を実際配賦率で行う場合と予定配賦率で行う場合の実際配賦と配賦差異，差異分析に関する仕訳を示しなさい。

	借方科目	金　　額	貸方科目	金　　額
①				
②	−補助部門費の配賦計算に実際配賦率を用いる場合−			
	−補助部門費の配賦計算に予定配賦率を用いる場合−			

第23章　個別原価計算

ポイント整理

★1　個別原価計算

個別原価計算は造船業や建設業など，顧客からの注文を受けて製品の製造を行う，個別受注生産企業に用いられる原価計算である。個別原価計算は，部門費計算を行うか否かによって，単純個別原価計算と部門別個別原価計算に分類される。

★2　個別原価計算のプロセス

個別原価計算では，以下のプロセスで原価計算を行う。

顧客からの注文
↓
仕様書の発行
↓
特定製造指図書の発行
↓
製造指図書別原価計算表の作成

仕様書：受注製品の詳細を記載した書類。

特定製造指図書：特定製品の製造を一定の期日までに完成させるように指示した指令書で，注文番号，指図書番号，品名，規格，数量，完成日，納期などが記載された書類

製造指図書別原価計算表：当該製品の材料費，労務費，経費を直接費と間接費に分類し，指図書別に集計して，製品の製造原価を計算した一覧表。指図書別の製造原価は，受注品が月末までに完成した場合は製品原価となり，未完成の場合は仕掛品原価となる。

3 仕損品と仕損費

製造中に従業員の過失や機械の故障などにより，製造指図書の合格品に満たない場合が発生する。この合格品にならなかった製品を**仕損品**といい，その補修または代用品製造のために要した費用を**仕損費**という。仕損品はその状況に応じて以下のような処理を行う。

仕損品が補修によって合格品となる場合	**補修指図書**を発行し，修理する。この場合，その補修指図書に集計された製造原価が仕損費となる。
仕損品が補修しても合格品にならない場合	**新製造指図書**を発行して代用品を製造する。
→①旧製造指図書の**全部**が仕損品になった場合	**旧製造指図書**の製造原価が仕損費となる。
→②旧製造指図書の**一部**が仕損品になった場合	**新製造指図書**の製造原価が仕損費となる。
補修や代用品の製造に指図書を発行しない場合	製造原価を見積もって仕損費とする。
＊仕損品が売却または利用できる場合	見積額を仕損費の金額から控除する。

仕損費は，その実際生産高または見積額を，その製造指図書に賦課し，あるいは，製造間接費として，各製造指図書に配賦して処理する。さらに，金額が多額であるなどの異常な仕損費は，製造原価に算入せず，営業外費用として会計年度末に**損益勘定**へ振り替える。

正常な仕損費	製造指図書に賦課	（借）仕　掛　品　△△	（貸）仕　損　費　△△
	製造間接費として各製造指図書に配賦	（借）製造間接費　○○	（貸）仕　損　費　○○
異常な仕損費	営業外費用	（借）損　　　益　××	（貸）仕　損　費　××

★ 4 作業屑

作業屑は製品の製造中に発生した材料の残りや切りくずで，その売却価値または利用価値を見積もって，以下のように処理する。

① 作業屑の発生した製造指図書の直接材料費あるいは製造原価から見積額を控除す

る。

② 作業屑が製造指図書別に把握されていない場合は，製造間接費から控除する。

③ 部門別個別原価計算を採用し，作業屑が製造指図書別に把握されていない場合は，作業屑が発生した部門の部門費から控除する。

④ 作業屑の金額が少額の場合は，売却価値等の評価をせず，作業屑を売却したときに，雑益として処理する。

練習問題

★問題1　次の資料にもとづき，製造指図書別原価計算表を作成しなさい。

［資料］

① 直接材料費

製造指図書番号	No.001	No.002	No.003
実際消費数量	3,600個	2,000個	1,400個
実際消費価格		¥250／個	

② 直接労務費

製造指図書番号	No.001	No.002	No.003
直接作業時間	840時間	720時間	240時間
実際消費賃率		¥500／時間	

③ 製造間接費

各製造指図書への配賦基準は直接作業時間で，配賦率は¥600／時間である。

④ 製造状況

No.001とNo.002は完成している。No.003は当月末において未完成である。

（単位：円）

摘　要	No.001	No.002	No.003	合　計
直接材料費				
直接労務費				
製造間接費				
製造原価				
備　　考				

★問題2　次の原価計算表にもとづいて，仕掛品勘定へ記入しなさい。

［資料］

（単位：円）

摘　要	No.10	No.11	No.12	合　計
月初仕掛品	250,000	−	−	250,000
直接材料費	230,000	300,000	322,000	852,000
直接労務費	354,000	190,000	228,000	772,000
直接経費	90,000	100,000	−	190,000
製造間接費	223,000	120,000	128,000	471,000
製造原価	1,147,000	710,000	678,000	2,535,000
備　　考	完　成	完　成	仕掛中	

仕　掛　品

問題 3　次のデータにもとづいて，製造指図書別原価計算表を作成しなさい。

①　原価データ

月初仕掛品　No.201　¥25,200　No.202　¥129,00

当月消費高

直接材料費	No.201	¥375,000	No.202	¥444,000	No.203	¥267,000
	No.221	¥36,000	No.222	¥63,000		
直接労務費	No.201	¥210,000	No.202	¥189,000	No.203	¥258,000
	No.221	¥15,000	No.222	¥36,000		
製造間接費	No.201	¥45,000	No.202	¥33,000	No.203	¥48,000
	No.221	¥3,000	No.222	¥6,000		

②　指図書No.201とNo.202の一部に仕損が発生し，No.221はNo.201の代用品製造のための指図書であり，No.222はNo.202の補修のための指図書である。

③　仕損品評価額はNo.201が¥32,000，No.202が¥40,000である。

④　月末においてNo.201とNo.202は完成し，No.203は未完成である。

製造指図書別原価計算表

(単位：円)

摘　要	No.201	No.202	No.203	No.221	No.222
月初仕掛品					
直接材料費					
直接労務費					
製造間接費					
小　　計					
仕損品評価額					
仕　損　費					
合　　計					
備　　考					

製造指図書別原価計算表中のマイナス金額には，△印をつけること。

★ 問題 4　次の取引の仕訳を示しなさい。なお，仕訳の必要がない場合には「仕訳なし」と示すこと。

① 製造指図書No.301の製品から作業屑が発生した。この売却見積額は¥7,500である。

② 上記の作業屑を¥10,500で売却し，現金で受け取った。

③ 製造指図書No.303に作業屑が生じたが，少額であるので評価しないことにした。

④ 上記の作業屑を¥3,000で売却し，代金は現金で受け取った。

	借方科目	金　額	貸方科目	金　額
①				
②				
③				
④				

第24章　総合原価計算（Ⅰ）

ポイント整理

★1　総合原価計算の種類

総合原価計算とは，同種の製品を反復連続的に大量生産する製造業で使用される。

1原価計算期間の製造費用を集計し，その期間に完成した製品の数量で割ることにより，製品単位原価（製品単価）を求める。

$$\text{製品単位原価（製品単価）} = \frac{\text{1原価計算期間の製造費用}}{\text{その期間に完成した製品数量}}$$

総合原価計算は，適用する工企業の種類や製造形態の違いにより4種類に分けられる。

① 単純総合原価計算…同種類の製品を単純作業で連続的に製造する場合
② 組別総合原価計算…同素材または同原料を使用し，異種製品を連続的に製造する場合
③ 等級別総合原価計算…形状・大きさ・品位の異なる同種類の製品を連続的に製造する場合
④ 工程別総合原価計算…製品が連続した2つ以上の製造工程を通って製造される場合

★2　単純総合原価計算

1原価計算期間の製造に要した費用を集計し，総製造原価を求め，その期間に完成した製品数量で割ることにより，製品単位原価を求める。

製品（完成品）製造原価 ＝ 月初仕掛品原価 ＋ 当月製造費用 － 月末仕掛品原価

$$\text{製品単位原価} = \frac{\text{製品（完成品）製造原価}}{\text{完成品数量}}$$

月初仕掛品原価…前月の月末仕掛品原価
当月製造費用…当月の材料費，労務費，経費を集計

月末仕掛品原価 … 月末仕掛品の評価で求める

★ 3 月末仕掛品の評価

仕掛品（完成品においても）は，素材費と加工費に分類。

素材費 … 製造着手の際にすべて投入される。したがって，**完成品数量と月末仕掛品数量に比例配分する**。

加工費 … 作業の進み具合（加工進捗度）にそって，**完成品１に対する加工費の換算量を求めて配分**。

① 月初仕掛品がない場合の月末仕掛品の評価

当月の製造費用を素材費と加工費に分け，月末仕掛品と完成品に配分する。

完成品製造原価 ＝ 当月製造費用 － 月末仕掛品原価

月末仕掛品原価 ＝ 月末仕掛品素材費 ＋ 月末仕掛品加工費

$$\text{月末仕掛品素材費} = \text{当月素材費} \times \frac{\text{月末仕掛品数量}}{\text{完成品数量} + \text{月末仕掛品数量}}$$

$$\text{月末仕掛品加工費} = \text{当月加工費} \times \frac{\text{月末仕掛品完成品換算数量}}{\text{完成品数量} + \text{月末仕掛品完成品換算数量}}$$

② 月初仕掛品がある場合の月末仕掛品の評価

当月の完成品１単位当たりの単位原価と前月の製造原価の引き継ぎ分である月初仕掛品とは単位原価が異なる。したがって，月初仕掛品が存在する場合は，原価計算を行う場合，どの原価（前月か今月か）から製品が完成されるかを考えなければならない。その際，３つの方法で求める。

１）平均法 … 前月の原価（月初仕掛品）と当月の原価（当月製造費用）を平均して月末仕掛品原価と完成品原価に配分する方法。

月末仕掛品原価 ＝ 月末仕掛品素材費 ＋ 月末仕掛品加工費

$$\text{月末仕掛品素材費} = (\text{月初仕掛品素材費} + \text{当月素材費}) \times \frac{\text{月末仕掛品数量}}{\text{完成品数量} + \text{月末仕掛品数量}}$$

$$\text{月末仕掛品加工費} = (\text{月初仕掛品加工費} + \text{当月加工費}) \times \frac{\text{月末仕掛品完成品換算数量}}{\text{完成品数量} + \text{月末仕掛品完成品換算数量}}$$

２）先入先出法 … 月初仕掛品原価を完成品原価とし，当月製造費用を月末仕掛品原価と完成品原価に配分する方法。

$$\text{月末仕掛品原価} = \text{月末仕掛品素材費} + \text{月末仕掛品加工費}$$

$$\text{月末仕掛品素材費} = \text{当月素材費} \times \frac{\text{月末仕掛品数量}}{\text{完成品数量} - \text{月初仕掛品数量} + \text{月末仕掛品数量}}$$

$$\text{月末仕掛品加工費} = \text{当月加工費} \times \frac{\text{月末仕掛品完成品換算数量}}{\text{完成品数量} - \text{月初仕掛品完成品換算数量} + \text{月末仕掛品完成品換算数量}}$$

★4 組別総合原価計算

組別総合原価計算では，製品の規格・品質が異なるごとに組を分け，1原価計算期間の製造費用を各組ごとに集計する。

組直接費 … 各組の製品ごとに直接発生。発生した組に賦課。

組間接費 … 各組の製品に共通して発生。一定の配賦基準によって各組に配賦。

$$* \ \text{完成品製造原価} = \frac{(\text{組直接費} + \text{組間接費})}{\text{当月製造費用}} + \text{月初仕掛品原価} - \text{月末仕掛品原価}$$

★5 等級別総合原価計算

等級別総合原価計算では，形状・大きさ・品位の異なる同種の製品を，同一の製品を製造したものとして等級品の総合原価を算出し，一定の割合（等価係数を用いた積数）で各等級製品に配分し，それぞれの製造原価を求め製品単位原価（製品単価）を求める。

等価係数 … 等級の異なった製品を計算上同じ等級に換算するための基準数値のこと。

$$\text{積　数} = \text{等価係数} \times \text{各等級製品の完成品数量}$$

$$\text{各等級別の製造原価（完成品原価）} = \text{総合原価} \times \frac{\text{各等級製品の積数}}{\text{積数の合計}}$$

$$\text{各等級別製品の単位原価} = \frac{\text{各等級別製品の製造原価}}{\text{各等級別製品の完成品数量}}$$

練習問題

★ 問題 1　次のデータにもとづいて仕掛品勘定に記入をしなさい。ただし，月末仕掛品の評価は平均法によること。

＜データ＞

① 月初仕掛品原価　¥1,137,400（内訳：素材費　¥763,000　加工費　¥374,400）

② 当月製造費用　素　　材　¥1,344,000

工場消耗品　¥56,000

労　務　費　¥824,000

経　　　費　¥70,000

③ 当月完成品数量　11,200個

④ 月末仕掛品数量　1,400個（加工進捗度60％）

⑤ 素材は製造の進行に応じて投入される。

仕　掛　品

前月繰越	(　　　)	製　　品	(　　　)
(　　　)	(　　　)	次月繰越	(　　　)
工場消耗品	(　　　)		
(　　　)	(　　　)		
(　　　)	(　　　)		
	(　　　)		(　　　)

★ 問題 2　次のデータにもとづいて，総合原価計算表を完成させなさい。

＜データ＞

① A材料は製造着手の時に投入し，B材料は包装材料なので，工程の終点で投入する。

② 総合原価計算表の数量欄に記した（　　）は，加工進捗度を表す。

③ 月末仕掛品の評価方法は，平均法による。

総合原価計算表

（単位：円）

摘　要	数量（進捗度）	A材料費	B材料費	加工費	合　計
月初仕掛品	200個（1／2）	7,800	−	1,900	9,700
当月投入	1,000	45,000	29,700	20,100	94,800
投入合計	1,200	52,800	29,700	22,000	104,500
差引：月末仕掛品	300　（1／3）	(　　　)	(　　　)	(　　　)	(　　　)
完成品	900	(　　　)	(　　　)	(　　　)	(　　　)
完成品単位原価		@(　　　)	@(　　　)	@(　　　)	@(　　　)

★ 問題 3　次のデータにもとづいて，組別原価計算表を作成しなさい。

＜データ＞

（1）

		A　組	B　組
1．期首仕掛品			
	材　料　費	¥　70,000	¥　80,000
	加　工　費	120,000	112,000
2．当期製造費用			
①　直接費			
	材　料　費	¥　760,000	¥　480,000
	加　工　費	600,000	480,000
②　完成品数量		12,500個	10,000個
③　期末仕掛品			
	材　料　費	¥　80,000	¥　80,000
	数　　　量	2,500個	2,000個
	加工進捗度	40%	50%

（2）組間接費は¥648,000で，直接加工費を基準として配賦する。

（3）材料はすべて製造着手時に投入される。

（4）期末仕掛品に含まれる加工費の計算は平均法による。

組別総合原価計算表

（単位：円）

摘　要	A　組	B　組	合　計
組 直 接 費			
材 料 費			
加 工 費			
組 間 接 費			
計			
期 首 仕 掛 品			
材 料 費			
加 工 費			
期 末 仕 掛 品			
材 料 費			
加 工 費			
完 成 品 原 価			
完 成 品 数 量	個	個	
完成品単位原価			

★ 問題 4 大湖製作所はＡ・Ｂの２種類の製品を製造しており，組別総合原価計算を行っている。原料費は，組製品Ａ・Ｂに直課され，加工費は，直接作業時間を配賦基準として実際配賦されている。

平成××年11月の加工費実際発生額は，￥860,000で，直接材料費のデータ，生産データ，直接作業時間のデータは，以下に示す通りである。この条件下で，組別総合原価計算表を完成させなさい。ただし，原価投入額合計を完成品総合原価と月末仕掛品原価とに配分する方法は，先入先出法を用いること。また，完成品単位原価は小数点第１位まで示すこと。

Ⅰ．原料種類別組製品別直接材料費

原料種類	組製品	実際消費量	実際消費単価	直接材料費
β	A	100kg	￥1,000	￥100,000
β	B	120kg	￥1,000	￥120,000
γ	A	200kg	￥964	￥192,800
α	A	40kg	￥1,200	￥48,000
γ	B	50kg	￥1,170	￥58,500

※『組製品』の欄は，その組製品製造のための原料消費であることを示している。

Ⅱ．生産データ

	A	B
月初仕掛品量	30kg（1／2）	40kg（1／2）
当月投入量	240kg	170kg
合計	270kg	210kg
月末仕掛品量	20kg（1／2）	10kg（1／2）
完成品量	250kg	200kg

※（　）内は，加工進捗度を示す。
なお，原料は，すべて工程の始点で投入されている。

Ⅲ．組製品Ａ，Ｂの月初仕掛品原価

	A	B	合計
原料費	￥30,400	￥44,000	￥74,400
加工費	￥10,500	￥25,000	￥35,500

Ⅳ．実際直接作業時間

A	B	合計
490時間	370時間	860時間

組別総合原価計算表

平成××年11月分

(単位：円)

摘　要	製品A	製品B	合　計
当月原料費			
当月加工費			
計			
月初仕掛品原価			
合　計			
差引：月末仕掛品原価			
完成品原価			
完成品単位原価			

★ 問題5　次のデータにもとづいて，総合原価計算表を完成させなさい。また，各等級製品の月末仕掛品原価，完成品原価および完成品単位原価を計算しなさい。なお，完成品単位原価の算定にあたっては小数点第2位以下を四捨五入すること。

(1) 生産データ

	A級品	B級品
月初仕掛品	75kg (0.6)	150kg (0.5)
当月投入	(　　)	(　　)
計	(　　)	(　　)
月末仕掛品	150kg (0.4)	225kg (2／3)
完成品	780kg	1,050kg

(　)内は加工進捗度を示す。原料はすべて始点で投入される。

(2) 原価データ

月初仕掛品

原料費　¥　180,230

加工費　126,100

当月製造費用

原料費　¥1,877,500

加工費　1,745,900

(3) 等価係数

	A級品		B級品
原料費	1	：	0.6
加工費	1	：	0.8

(4) 月末仕掛品の原価配分方法は，平均法によること。

(Ⅰ)

総合原価計算表

(単位：円)

	原料費	加工費	合計
月初仕掛品原価	180,230	126,100	306,330
当月製造費用	1,877,500	1,745,900	3,623,400
合計	2,057,730	1,872,000	3,929,730
差引：月末仕掛品原価			
完成品原価			

(Ⅱ)

	A級品		B級品	
	原料費	加工費	原料費	加工費
月末仕掛品原価				
完成品原価				
完成品単位原価				

第25章　総合原価計算（Ⅱ）

ポイント整理

★ 1 工程別総合原価計算

工程別総合原価計算では，製品の製造過程において，作業内容ごと，または作業場ごとに各工程に区分し，それぞれの製造原価を集計する。また，工程が２つ以上の製造工程の場合に採用されるため，単一工程の各原価計算（単純総合原価計算・組別総合原価計算・等級別総合原価計算）の方法を組み合わせて行う場合もある。

工程別総合原価計算では，素材費，加工費のすべての原価要素を工程別（部門別）に計算するので，基本的な原価の集計方法は部門別原価計算と同じである。

★ 2 工程個別費と工程共通費

工程別総合原価計算は，製造費用を**工程個別費**と**工程共通費**に区分する。

工程個別費 …各製造工程あるいは各補助部門で発生した費用で，発生した工程や部門に**賦課**する。

工程共通費 …各製造工程および各補助部門に共通して発生した費用で，一定の配賦基準にしたがって，各製造工程および各補助部門に**配賦**する。

各製造工程では，賦課された工程個別費と配賦された工程共通費，補助部門を当月製造費用として計算する。

〈勘定の流れ（当月製造費用まで）〉

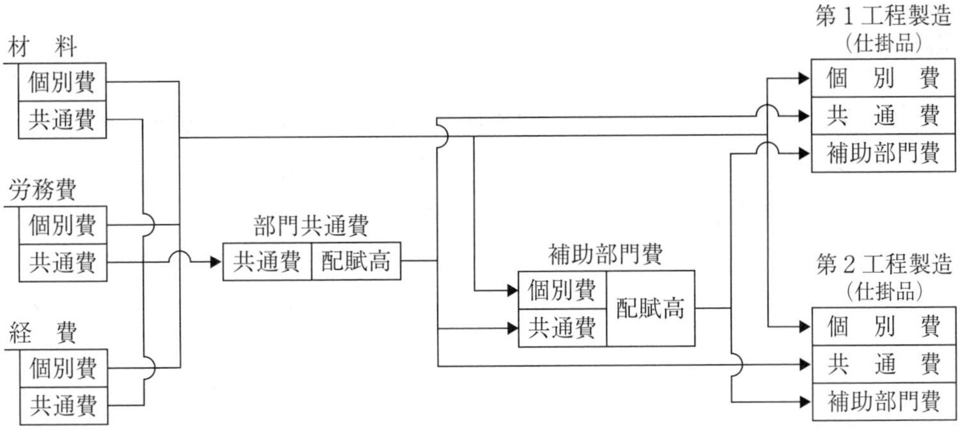

★3 工程別総合原価計算の計算方法

累加法（累積法）…前工程の完了品に加工を加え，次工程へ完成品を振り替え，最終工程で製品を完成させる場合に用いられる方法。途中工程の完成品は，**半製品**と呼ばれ，その原価は，**完了品原価**となり，最終工程でのみ，**完成品原価**となる。

第１工程　完了品原価＝工程個別費＋工程共通費＋月初仕掛品原価－月末仕掛品原価

振　替　（工程個別費＋工程共通費）→**当月製造費用**

第２工程　完了品原価＝前工程費＋当月製造費用＋月初仕掛品原価－月末仕掛品原価

最終工程　完成品原価＝前工程費＋当月製造費用＋月初仕掛品原価－月末仕掛品原価

製品単位原価（製品単価）＝完成品原価／完成品数量

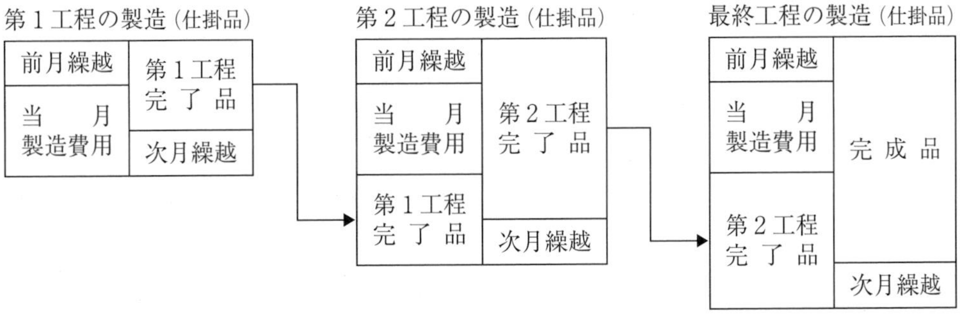

★4 仕損と減損

仕　損…材料の不良，機械の故障，従業員の不注意などで，**標準規格に達しない不合格品**が発生した場合のこと。その不合格品を**仕損品**という。仕損により生じた損失を仕損費という。

★①　仕損品を補修し合格品になった場合…補修にかかった金額

★②　仕損品の補修を行わず，処分価額が付加された場合…仕損品原価 − 処分価額

減　損…製品の加工中に原料が蒸発，粉散，煙化などによって消失した，無価値の原料部分が発生した場合のこと。減損により生じた損失を減損費という。減損費は，以下の2つとなる。

①　消失した分の原材料の原価，無価値の原材料の原価

②　①＋①を処理するためにかかった費用

仕損・減損は，その発生原因，発生量などによって，正常と異常に分かれる。

★①　正常仕損・正常減損…毎期，不可避的に発生するもので，その原価を正常仕損費・正常減損費という。これらは，通常発生する費用とみなされ，**完成品原価，月末仕掛品原価に含めて処理**する。

Ⅰ．仕損・減損の発生進捗度 ≦ 月末仕掛品原価進捗度の場合

仕損費・減損費を完成品原価と月末仕掛品原価の**両方に負担**

Ⅱ．仕損・減損の発生進捗度 ＞ 月末仕掛品原価進捗度の場合

仕損費・減損費を**完成品原価のみ負担**

②　異常仕損・異常減損…通常発生する程度を超える仕損，減損で，その原価を異常仕損費・異常減損費という。**これらの費用は原価に含めず，**非原価項目として処理する。

★ 5 正常仕損費・正常減損費の負担計算

★① 度外視法…正常仕損・正常減損の数量だけを計算し，金額は無視。
② 非度外視法…正常仕損費・正常減損費を按分計算し，良品に追加配賦。

> **正常仕損，減損の処理**（度外視法）
> 1．負担関係
> 月末仕掛品加工進捗度と仕損，減損の発生進捗度によって決定する。
> ① 仕損，減損の発生進捗度 ≦ 月末仕掛品加工進捗度
> → 月末仕掛品と完成品の両者に負担させる。
> （計算方法）
> 当月投入数量から仕損，減損の数量を差し引いて按分する。
> ② 仕損，減損の発生進捗度 ＞ 月末仕掛品加工進捗度
> → 完成品のみに負担させる。
> （計算方法）
> 完成品の数量に仕損，減損の数量を加えて按分する。
> ③ 仕損，減損が平均的に発生する
> 仕損，減損の発生進捗後は便宜的に50％とする。
> → 月末仕掛品の加工進捗度にかかわらず，月末仕掛品と完成品の両者に負担させる。
> 2．評価額
> 仕損に評価額が付された場合には，その金額を控除する。

6 副産物と連産品

副産物…生産物の製造過程で必然的に発生する物品で，主と副の区別がつく。そのまま売却できる場合の評価額は，

見積売却価額 － 販売費・保管料 － 利益見積額

加工する場合の評価額は，

見積売却価額 － 販売費・保管料 － 利益見積額 － 見積加工費

自家消費する場合の評価額は，自家消費によって**節約可能な物品の見積購入価額**となる。評価した副産物は，**製造原価から差し引いて処理**する。処理した副産物は，資産として**副産物勘定**の借方に記入する。

連産品…同一工程において同一原料から必然的に発生する異種の製品。主と副の区別がつかない。

練習問題

★**問題1** 製品Qを大量生産するBRZ工業では，工程別実際総合原価計算を行っている。以下のデータにもとづいて工程別総合原価計算表を完成させなさい。月末仕掛品と完成品への原価配分は，第1工程は平均法，第2工程は先入先出法によること。また，完成品単位原価の算定において端数が生じた場合には，小数点第2位以下を四捨五入すること。

<生産データ>

	第1工程	第2工程
月初仕掛品量	400個（80%）	300個（50%）
当月投入量	2,000個	1,600個
合計	2,400個	1,900個
差引：月末仕掛品量	600個（40%）	400個（25%）
完成品量	1,800個	1,500個

（　）内は加工進捗度を示している。

第1工程：第1工程では主材料となるA材料を工程の始点で投入し，これを加工して中間製品Yを生産する。なお，当工場では中間製品Yのうち，200個を顧客に売却し，残りを次工程に振り替えている。

第2工程：第2工程ではYを工程の始点で投入し，これを加工する。そして工程の終点で包装材料であるB材料を投入した後，製品Qを完成させる。

〔原価データ〕

工程別総合原価計算表

（単位：円）

	第1工程			第2工程			
	A材料費	加工費	合計	前工程費	B材料費	加工費	合計
月初仕掛品原価	244,000	64,000	308,000	228,000	—	53,250	281,250
当月製造費用	1,100,000	384,800	1,484,800		111,750	522,000	
合計	1,344,000	448,800	1,792,800		111,750	575,250	
差引：月末仕掛品原価					—		
完成品総合原価							
完成品単位原価	@	@	@	@	@	@	@

★ 問題 2 次のデータにもとづいて，Ⅰ．正常減損が工程の始点で発生した場合，Ⅱ．正常減損が工程の終点で発生した場合の総合原価計算表を完成させなさい。なお，原価配分は先入先出法によること。

<データ>

（1）生産データ

月初仕掛品	4,000kg	(1/2)
当月投入	10,000	
計	14,000	
月末仕掛品	3,000	(2/3)
正常減損	1,000	(？)
完成品	10,000kg	

（2）原価データ

月初仕掛品原価		当月製造費用	
原料費	¥160,000	原料費	¥540,000
加工費	¥360,000	加工費	¥891,000

（3）その他の条件

① 原料はすべて工程の始点で投入される。

② （　）内の数値は加工進捗度を示す。

③ 正常減損の計算は度外視法によって行うこと。

Ⅰ．正常減損が工程の始点で発生した場合

Ⅱ．正常減損が工程の終点で発生した場合

Ⅰ．正常減損が工程の始点で発生した場合

総合原価計算表

(先入先出法)　　　　(単位：円)

	原料費	加工費	合計
月初仕掛品原価	160,000	360,000	520,000
当月製造費用	540,000	891,000	1,431,000
合計	700,000	1,251,000	1,951,000
差引：月末仕掛品原価			
完成品総合原価			
完成品単位原価			

Ⅱ．正常減損が工程の終点で発生した場合

（先入先出法）　　　　　　　　総合原価計算表　　　　　　　　（単位：円）

	原料費	加工費	合計
月初仕掛品原価	160,000	360,000	520,000
当月製造費用	540,000	891,000	1,431,000
合計	700,000	1,251,000	1,951,000
差引：月末仕掛品原価			
完成品総合原価			
完成品単位原価			

★問題３　内藤工業では２つの工程を経て製品Ｗを連続生産しており，累加法による工程別総合原価計算を行っている。次のデータにもとづいて，工程別の仕掛品勘定の（　）内に適当な金額を記入しなさい。ただし，原価投入額を完成品総合原価と月末仕掛品原価に配分するためには，第１工程では平均法，第２工程では先入先出法を用いること。

＜データ＞

	第１工程		第２工程	
月初仕掛品	300kg	(1/2)	500kg	(1/2)
当月投入	1,700		1,500	
計	2,000		2,000	
完成品	1,500		1,600	
月末仕掛品	500	(1/2)	300	(1/3)
仕損	－		100	
	2,000kg		2,000kg	

（１）原料はすべて第１工程の始点で投入される。

（２）（　）の数値は加工進捗度を示している。

（３）第２工程の途中で仕損が発生している。仕損は正常仕損であり，いわゆる正常仕損度外視法により，仕損費はすべて良品に負担させる。なお，仕損は工程の途中で発生しているので，完成品のみに負担させず，期末仕掛品にも負担させること。

仕掛品－第1工程

月初有高：		次工程振替高：	
原料費	30,000	原料費	(　　　)
加工費	52,250	加工費	(　　　)
小計	82,250	小計	(　　　)
当月製造費用：		月末有高：	
原料費	180,000	原料費	(　　　)
加工費	254,000	加工費	(　　　)
小計	434,000	小計	(　　　)
	(　　　)		(　　　)

仕掛品－第2工程

月初有高：		当月完成高：	
前工程費	140,000	前工程費	(　　　)
加工費	92,600	加工費	(　　　)
小計	232,600	小計	(　　　)
当月製造費用：		月末有高：	
前工程費	(　　　)	前工程費	(　　　)
加工費	469,800	加工費	(　　　)
小計	(　　　)	小計	(　　　)
	(　　　)		(　　　)

★問題4　HAWKS工業では2つの工程を経て製品Eを連続生産しており，累加法による工程別総合原価計算を行っている。以下のデータにもとづいて，工程別総合原価計算表を完成させなさい。

〔当月の生産データ〕

	第1工程		第2工程	
月初仕掛品	300kg	(1/3)	400kg	(1/4)
当月投入	2,800		2,700	
計	3,100		3,100	
月末仕掛品	400	(1/2)	500	(2/5)
仕損品	−		100	
完成品	2,700		2,500	
	3,100kg		3,100kg	

注1．原料はすべて第1工程始点で投入される。

2．原価投入額合計の完成品総合原価と月末仕掛品原価への配分方法は，第1工程は平均法，第2工程は先入先出法によること。

3．（　）の数値は加工進捗度を示している。

4．第2工程で発生した仕損は工程の終点で発生したものであり，通常発生程度のもの（正常仕損）である。なお，仕損品の1kg当たりの評価額は¥80（前工程費から控除する）であり，仕損費のうち評価額を除く残高を完成品に負担させる。

工程別総合原価計算表

（単位：円）

	第1工程			第2工程		
	材料費	加工費	合計	前工程費	加工費	合計
月初仕掛品原価	30,500	7,800		90,400	45,000	
当月製造費用	388,000	276,400			302,400	
計						
月末仕掛品原価						
仕損品評価額						
完成品総合原価						
完成品単位原価	@¥	@¥	@¥	@¥	@¥	@¥

★**問題5**　次のデータにもとづいて，平均法による総合原価計算表を作成しなさい。

（1）生産データ

月初仕掛品	450kg	(0.3)
当月投入	2,500	
計	2,950	
作業屑	50	(0.3)
月末仕掛品	40	(0.5)
完成品	2,500kg	

（2）原価データ

月初仕掛品	
原料費	¥25,000
加工費	25,100
当月製造費用	
原料費	177,000
加工費	188,200

注1　原料は始点投入。

2　（　）は進捗度。

3　作業屑の評価額は，見積売却価額が¥50／kgで，販売費及び一般管理費がおのおの¥5／kg，通常の利益の見積額¥2／kgで，評価額はすべて原料費から差し引くこと。

（平均法）

総合原価計算表

（単位：円）

	原料費	加工費	合計
月初仕掛品原価	25,000	25,100	50,100
当月製造費用	177,000	188,200	365,200
合計	202,000	213,300	415,300
作業屑			
差引			
差引：月末仕掛品原価			
完成品総合原価			
完成品単位原価			

問題 6 次のデータにもとづいて，勘定記入を示しなさい。

（1）生産データ

月初仕掛品	500kg	(40%)
当月投入	2,500	
計	3,000	
月末仕掛品	800	(50%)
副産物	200	
完成品	2,000kg	

（2）原価データ

月初仕掛品	
材料費	¥28,000
加工費	9,000
当月製造費用	
原料費	182,000
加工費	95,000

（3）その他の原価データ

① 原料は工程の始点で投入されている。

② 原価配分は平均法による。

③ 副産物は工程の終点で発生する。この副産物は加工のうえ売却するが，その加工製品の見積売却額は@¥50，分離後加工費は@¥25，販売費及び一般管理費は@¥5，通常の利益見積額は@¥10である。

材料費

借方		貸方	
諸口	190,000	(　　　)	(　　　)

加工費

借方		貸方	
諸口	115,000	仕掛品	(　　　)

仕掛品

借方		貸方	
前月繰越	(　　　)	製品	(　　　)
材料費	(　　　)	副産物	(　　　)
加工費	(　　　)	次月繰越	(　　　)
	(　　　)		(　　　)

副産物

借方		貸方	
仕掛品	(　　　)		

製品

借方		貸方	
仕掛品	(　　　)		

第26章　製品の完成・販売と決算

ポイント整理

★ 1　製品の完成

（1）個別原価計算の場合

原価計算係は製品の完成によって，**完成品原価報告書**を作成する。完成品原価報告書には，製造指図書番号，完成日，品名，数量，単価，金額などが記入され，原価計算係と会計係が捺印する。つぎに会計係は，完成品原価報告書にもとづき製品元帳に受け入れの記入を行う。

原価計算期末（月末）に原価計算係は，1カ月分の完成品原価報告書の写しを集計して，**完成品原価月報**を作成して会計係に提出する。会計係はこれにもとづいて完成品原価を製造（仕掛品）勘定から製品勘定へ振替仕訳し，総勘定元帳に転記する。

（2）総合原価計算の場合

総合原価計算では，原価計算期末にならなければ，製品単価が算出できないため，会計係は，製品が完成すると製造日報（完成品の品名と完成数量が記載されている）にもとづいて，製品元帳に受入数量のみを記入しておく。

月末に原価計算係は1カ月分の製造日報を製造月報にまとめて，これにもとづいて**総合原価計算表**を作成する。会計係は，総合原価計算表で算出された製品単価にもとづいて，製品元帳に単価および金額を記入し，完成品原価を製造勘定から製品勘定に振り替える仕訳を行って，総勘定元帳に転記する。

★ 2　製品の販売

完成した製品が掛けで販売されると，販売担当者は売上伝票にもとづいて，売上帳および売掛金元帳に記入する。そして会計係は製品元帳に払い出し記入を行う。月末に販売担当者から売上帳の合計額が報告されると，会計係は，その仕訳を行う。

さらに会計係は，売上伝票に記入されている製造原価を集計して，売上製品原価月報を作成し，売上製品の製造原価を製品勘定から売上原価勘定に振り替える仕訳を行う。

★3 工業簿記における決算

工業簿記では，経営管理に役立てるために，短期の経営成績を明らかにする。そのため，**原価計算期末**（毎月末）に1カ月ごとの営業損益を計算する。これを月次決算という。月次決算は，元帳に月次損益勘定を設けて，借方に売上原価，販売費及び一般管理費を記入し，貸方に売上高を記入して，1カ月間の営業損益を計算する。

これに対して，会計期末に行う決算を年次決算という。年次決算は商業簿記と同様の手続きで行うが，年次決算では，損益勘定に月次損益，営業外収益，営業外費用，特別利益，特別損失の勘定残高が振り替えられ，1会計期間の純損益が計算される

★4 損益計算書と製造原価報告書

財務諸表を作成する場合，商品販売業と製造業では，売上原価の計算に以下のような違いがある。

【商品販売業の場合】

売上原価 ＝ 期首商品棚卸高 ＋ 当期商品純仕入高 － 期末商品棚卸高

※ 純仕入高（総仕入高 － 仕入値引・返品高）

【製造業の場合】

売上原価 ＝ 期首製品棚卸高 ＋ 当期製品製造原価 － 期末製品棚卸高

製造業の損益計算書では，その売上原価の算定の基礎となるのは当期製品製造原価である。当期製品製造原価は，1会計期間に製造された製品の製造原価のことで，その内訳明細は製造原価報告書に明示されている。その意味では，製造原価報告書は，損益計算書に添付される明細書である。製造原価報告書は，以下のような手順で作成される。

① 当期の製造費用を材料費，労務費，経費の各原価要素に区分して，1会計期間の消費高を計算・表示する。
② 材料費，労務費，経費の合計額を当期製造費用として表示する。
③ 当期製造費用に期首仕掛品棚卸高を加算する。
④ 当期製造費用と期首仕掛品棚卸高の合計から期末仕掛品棚卸高を差し引いて，当期

製品製造原価を計算・表示する。

★5 工場会計の独立

製造業では種々の条件から，帳簿組織に関して，仕訳帳を**本社の一般仕訳帳**と**工場の工場仕訳帳**に，総勘定元帳を**本社の一般元帳**と**工場の元帳**にそれぞれ分離して，工場独自の帳簿組織を設ける場合がある。これを工場会計の独立という。工場会計を独立させることによって，工場での原価管理に必要な資料の作成が可能となるというメリットがある。また，本社と工場間の責任分担により，内部統制に効果があり，また，本社の経理事務の軽減が図れる。

工場会計の独立では，一般に，本社の会計帳簿から製品の製造に関する諸勘定（たとえば，材料勘定，労務費勘定，経費勘定，製造（仕掛品）勘定，製造間接費勘定，製品勘定など）を分離して，工場元帳に移行する。本社には購買活動および販売活動に関する諸勘定（たとえば，買掛金勘定，売掛金勘定，売上勘定，売上原価勘定など）が設定される。さらに，工場には本社との貸借関係を処理する勘定として本社勘定，本社には工場との貸借関係を処理する勘定として工場勘定が設定される。本社勘定と工場勘定の関係は，商業簿記における本支店会計の本店勘定と支店勘定の関係と同一である。たとえば，本社が材料を掛けで仕入れ，材料は仕入れ先から工場に直送された場合，本社は工場に対する債権の増加として工場勘定の借方に金額を記入し，工場は本社に対する債務の増加として本社勘定貸方に金額を記入する。

また，**工場元帳勘定**と**本社元帳勘定**には本社と工場間のすべての取引が記入され，工場元帳勘定と本社元帳勘定の残高は，貸借反対で常に一致する。

工場会計を独立させた場合，取引は，本社だけに関係する取引，工場だけに関係する取引，本社と工場の両方に関係する取引に分けられる。

［本社だけに関係する取引］

本社は取引先に対して買掛金￥400,000を現金で支払った。

（借）買　掛　金　400,000　　　　（貸）現　　　金　400,000

本社の一般仕訳帳と一般元帳に記入する。

［工場だけに関係する取引］

工場において，材料￥220,000を直接材料費として消費した。

（借）製　　　造　220,000　　　　（貸）材　　　料　220,000

工場の工場仕訳帳と工場元帳に記入する。

［本社と工場の両方に関係する取引］
本社は，材料￥180,000を現金で仕入れ，仕入れ先から工場に材料を直送させた。

［本社］	（借）工　　場	180,000	（貸）現　　金	180,000
［工場］	（借）材　　料	180,000	（貸）本　　社	180,000

本社は一般仕訳帳と一般元帳に記入し，工場は工場仕訳帳と工場元帳に記入する。

練習問題

★ 問題１　次の取引に関して，それぞれの仕訳を記入しなさい。

＜取引＞

① 当月の製造指図書の完成は以下のとおりである。

　No.101　製造原価　¥1,500,000

　No.102　製造原価　¥600,000

　No.103　製造原価　¥1,200,000

② 当月完成品の製造原価は以下のとおりである。

　直接材料費　¥600,000

　直接労務費　¥240,000

　製造間接費　¥330,000

③ 完成品の製造原価合計額は，¥4,230,000であった。

④ 販売した製品の製造原価合計額は，¥2,840,000であった。

⑤ 当月における製品売上高は，現金による売上¥3,120,000，掛けによる売上¥1,200,000であった。

⑥ 販売費及び一般管理費を月次損益に振り替えた。

　販売費　¥450,000　　一般管理費　¥280,000

	借方科目	金　額	貸方科目	金　額
①				
②				
③				
④				
⑤				
⑥				

★ 問題２　沢村工業の総勘定元帳の記録をもとに，製造原価報告書および損益計算書を作成しなさい。

＜資料＞

総勘定元帳

材　料

期首在高	200	仕掛品	3,800
買掛金	4,000	期末在高	400
	4,200		4,200

賃　金

当座預金	5,000	前期未払金	400
当期未払金	600	仕掛品	3,200
		製造間接費	2,000
	5,600		5,600

製造間接費

賃　　金	2,000	仕 掛 品	5,600
減価償却費	2,000		
電 力 料	1,000		
ガ ス 代	600		
	5,600		5,600

仕　掛　品

期首在高	600	製　　品	12,200
材　　料	3,800	期末在高	1,000
賃　　金	3,200		
製造間接費	5,600		
	13,200		13,200

製　　品

期首在高	2,000	売上原価	11,200
仕 掛 品	12,200	期末在高	3,000
	14,200		14,200

売 上 原 価

製　　品	11,200	損　　益	11,200

売　　上

損　　益	16,000	売 掛 金	16,000

製造原価報告書

Ⅰ　直接材料費		
1．期首材料棚卸高	(　　　)	
2．当期材料仕入高	(　　　)	
合　計	(　　　)	
3．期末材料棚卸高	(　　　)	(　　　)
Ⅱ　直接労務費		
賃　金		(　　　)
Ⅲ　製造間接費		
賃　金	(　　　)	
減価償却費	(　　　)	
電力料	(　　　)	
ガス代	(　　　)	(　　　)
当期総製造費用		(　　　)
期首仕掛品棚卸高		(　　　)
合　計		(　　　)
期末仕掛品棚卸高		(　　　)
当期製品製造原価		(　　　)

損益計算書

Ⅰ　売上高		(　　　)
Ⅱ　売上原価		
1．期首製品棚卸高	(　　　)	
2．当期製品製造原価	(　　　)	
合　計	(　　　)	
3．期末製品棚卸高	(　　　)	(　　　)
売上総利益		(　　　)

★**問題3**　小笠原工業では，工場が遠方にあるため，本社会計から工業会計を独立させている。小笠原工業の本社と工場における以下の取引を仕訳しなさい。なお，賃金の計算と支払いは本社が行い，その消費額は工場において工場賃金勘定に記録している。

＜資料＞

本社　一般元帳の勘定
現金勘定　売掛金勘定　預り金勘定　買掛金勘定 未払賃金勘定　減価償却累計額勘定　工場勘定 売上原価勘定　売上勘定

工場　工場元帳の勘定
本社勘定　材料勘定　工場賃金勘定　製造間接費勘定 仕掛品勘定　製品勘定

① 材料￥200,000を掛けで購入した。
② 直接材料￥120,000（組立工程￥70,000，塗装工程￥50,000）と，間接材料費￥30,000（組立工程￥20,000，塗装工程￥10,000）を各工程に出庫した。
③ 当期賃金支払総額は，直接労務費￥80,000，間接労務費￥15,000であった。
④ 賃金の支払総額は￥92,000で，社会保険料￥1,000を差し引き，残額を現金で支払った。
⑤ 製造間接費￥80,000を各工程の仕掛品に予定配賦した。
⑥ 材料に不備があり，￥500分を返品した。
⑦ 工場の光熱費￥30,000を現金で支払った。
⑧ 減価償却費￥20,000を計上した。なお，処理にあたっては間接法を使用している。
⑨ 最終工程である塗装工程から完成品￥230,000を製品倉庫に納入した。

⑩　製造原価¥190,000の製品を出庫した。

⑪　製品の売上高は¥310,000で，すべて掛売上によるものである。

		借方科目	金　額	貸方科目	金　額
①	本社				
	工場				
②	本社				
	工場				
③	本社				
	工場				
④	本社				
	工場				
⑤	本社				
	工場				
⑥	本社				
	工場				
⑦	本社				
	工場				
⑧	本社				
	工場				
⑨	本社				
	工場				
⑩	本社				
	工場				
⑪	本社				
	工場				

第27章 標準原価計算（Ⅰ）

ポイント整理

★1 標準原価計算の意義と目的

標準原価計算：あらかじめ設定された標準原価によって製品の原価を計算する方法であり，原価管理などの経営管理に役立つ原価情報を提供するための原価計算制度。

標準原価計算の目的：
① 原価管理目的
② 財務諸表作成目的
③ 予算管理目的
④ 記帳の簡略化・迅速化

★2 標準原価計算の手続きと標準原価のタイプ

標準原価計算のプロセス：
① 原価標準の設定
② 実際原価の計算
③ 標準原価の計算
④ 実際原価と標準原価の差異（原価差異）の計算
⑤ 原価差異の原因分析と報告
⑥ 原価差異の会計処理

標準原価のタイプ：標準をどのレベル（タイトネス：厳格度）に設定するかによって，①理想的標準原価，②現実的標準原価，③正常標準原価の３つのタイプに分類される。

★3 原価標準の設定

原価標準：製品１単位当たりの標準原価のことであり，標準原価は原価標準に実際生産量を乗じて計算される。

原価標準 ＝ 標準価格 × 標準消費量

標準原価 ＝ 原価標準 × 実際生産量

原価標準の設定：直接材料費，直接労務費，製造間接費という原価要素ごとに設定される。

① 直接材料費標準の設定

直接材料費標準 ＝ 標準価格 × 標準材料消費量

② 直接労務費標準の設定

直接労務費標準 ＝ 標準賃率 × 標準作業時間

③ 製造間接費標準の設定

製造間接費標準 ＝ 標準配賦率 × 標準配賦基準量

部門別の製造間接費予算の設定：（ａ）固定予算と，（ｂ）変動予算という２つの方法がある。

（ａ）固定予算：予算期間において予期される一定の操業度（基準操業度）を前提として設定される予算。

（ｂ）変動予算：予算期間に予期される範囲内の操業度の変化に対応した予算額を算定することが可能な予算。製造間接費予算額を，変動費部分と固定費部分とに分けることによって，操業度の変化に弾力的に対応させることができる。

変動予算の算定式（公式法）：

変動予算額（ｙ）＝ 固定費額（ａ）＋ 変動費率（ｂ）× 操業度（ｘ）

変動予算のもとでの製造間接費標準配賦率の算定式：

$$\text{製造間接費標準配賦率} = \frac{\text{固定費額} + \text{変動費率} \times \text{基準操業度}}{\text{基準操業度}}$$

$$= \frac{固定費額}{基準操業度} + 変動費率$$

$$= 固定費率 + 変動費率$$

標準原価カード：製品１単位当たりの標準原価を記載したカード

製品Ｓ　標準原価カード

	標準価格	標準消費量	金　額
直接材料費	¥500	2 kg	¥1,000
	標準賃率	標準作業時間	
直接労務費	¥750	2 時間	¥1,500
	標準配賦率	標準作業時間	
製造間接費	¥600	2 時間	¥1,200
	製品Ｓ　１個当たりの標準価格		¥3,700

★4 標準原価の計算

完成品の標準原価 ＝ 製品１単位当たりの標準原価（原価標準）× 完成品数量

月末仕掛品の標準原価 ＝ 原価標準 × 月末仕掛品の完成品換算量

＝ 原価標準 × 月末仕掛品数量 × 加工進捗度

★5 標準原価の勘定記入

標準原価計算における標準原価の記帳方法：

① パーシャル・プラン：原価財の投入を実際原価で勘定記入し，完成品原価および月末仕掛品原価を標準原価で勘定記入する方法。

パーシャル・プランにおける原価差異：仕掛品勘定の借方は実際原価で，貸方は標準原価で記入されるため，仕掛品勘定の貸借の差額として把握される（アウトプット法）。

② シングル・プラン：原価財の投入を標準原価で勘定記入する方法であり，したがって，仕掛品勘定の借方・貸方ともに標準原価で記入される。

シングル・プランにおける原価差異：原価財の投入が標準原価で記入されるため，各原価財投入要素勘定において原価差異が算定される（インプット法）。

パーシャル・プランとシングル・プランにおける勘定記入と原価差異：

〈パーシャル・プラン〉

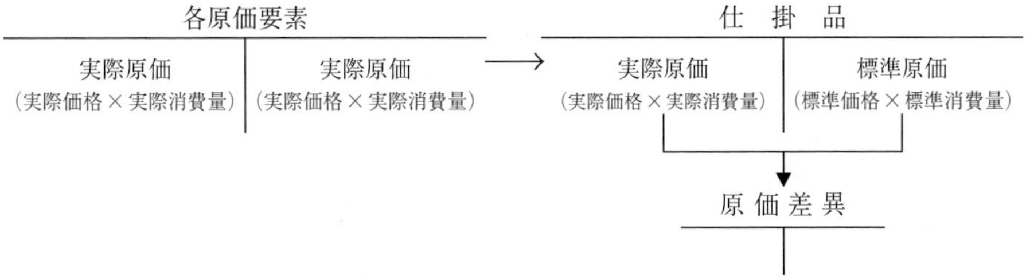

〈シングル・プラン〉

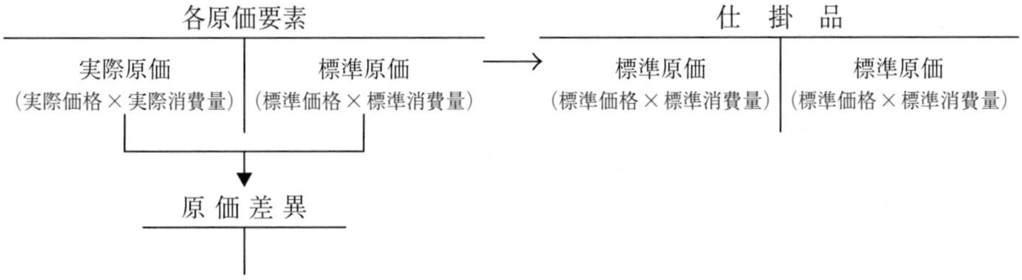

練習問題

★問題１　製品Ｆに関する次の資料の空欄（①）～（⑩）に当てはまる適当な数字を答えなさい。

［資　料］

１．製品Ｆの標準原価カード

	標準価格	標準消費量	金　額
直接材料費	￥（　①　）	5 kg	￥（　②　）
	標準賃率	標準作業時間	
直接労務費	￥1,200	2時間	￥（　③　）
	標準配賦率	標準作業時間	
製造間接費	￥（　④　）	2時間	￥1,900
	製品Ｆ　１個当たりの標準価格		￥（　⑤　）

２．当月の実際生産量に関するデータ

月初仕掛品数量　　100個：加工進捗度（　⑥　）％

月末仕掛品数量　　 50個：加工進捗度20％

当月完成品数量　　500個

（注）直接材料は工程の始点ですべて投入されている。

３．標準原価に関するデータ

月初仕掛品の標準原価：￥594,000

完成品の標準原価：￥3,400,000

当月投入量の標準原価：￥（　⑦　）

月末仕掛品の直接材料標準消費量：（　⑧　）kg

完成品の標準直接作業時間：（　⑨　）時間

月末仕掛品の標準直接作業時間：（　⑩　）時間

①	②	③	④	⑤
⑥	⑦	⑧	⑨	⑩

★問題２　次の資料は，量産品のＳ製品の生産に関わる製造間接費のデータである。この資料にもとづき，（１）実際原価計算を適用した場合の予定配賦額と配賦差異，（２）標準原価計算を適用した場合の標準配賦額と配賦差異を求めなさい。なお，予定配賦率と標準配賦率は等しいものとする。

［資　料］

1．製造間接費の標準と予算に関するデータ

製造間接費月間予算額：¥800,000

月間基準操業度（直接作業時間）：4,000時間

S製品1個当たりの標準直接作業時間：3時間／個

2．当月の実際生産量：（　　）内は加工進捗度

月初仕掛品　　100個（50％）

当月完成品　1,200個

月末仕掛品　　200個（50％）

3．実際原価に関するデータ

製造間接費実際発生額　¥798,000

実際直接作業時間　　3,800時間

	予定配賦額	配賦差異
（1）	¥	¥
	標準配賦額	配賦差異
（2）	¥	¥

★ 問題3　岩手工業は，標準原価計算を採用しており，パーシャル・プランによって記帳している。製品Zに関する次の資料にもとづき，（1）各原価要素勘定から仕掛品勘定への振替仕訳，（2）仕掛品勘定から製品勘定への振替仕訳，（3）原価差異の処理に関する仕訳を行い，解答欄の勘定口座へ転記しなさい（締切不要）。なお，原価差異については一括して原価差異勘定で処理すること。

［資　料］

1．原価データ

＜材料消費額＞

標準単価	¥500	標準消費数量	1,000個
実際単価	¥510	実際消費数量	1,020個

＜賃金消費額＞

標準賃率	¥850	標準作業時間	250時間
実際賃率	¥870	実際作業時間	255時間

＜製造間接費発生額＞

標準配賦率	¥200	標準作業時間	250時間
実際配賦率	¥205	実際作業時間	255時間

（注）月初・月末ともに仕掛品はない。

	借方科目	金　額	貸方科目	金　額
(1)				
(2)				
(3)				

材　料

賃　金

製造間接費

仕掛品

製　品

原価差異

★ **問題 4** 秋田工業は，標準原価計算を採用しており，パーシャル・プランによって記帳している。製品Tに関する次の資料にもとづき，解答欄の仕掛品勘定と製品勘定を完成させなさい。

［資　料］

1．製品Tの標準原価カード

	標準価格	標準消費量	金　額
直接材料費	¥1,200	2.5kg	¥3,000
	標準賃率	標準作業時間	
直接労務費	¥800	3時間	¥2,400
	標準配賦率	標準作業時間	
製造間接費	¥900	3時間	¥2,700
	製品T　1台当たりの標準原価		¥8,100

2．当月の実際生産量：（　）内は加工進捗度

月初仕掛品　　25台（60％）

当月完成品　　100台

月末仕掛品　　20台（50％）

（注）直接材料は工程の始点ですべて投入されている。

3．実際原価に関するデータ

① 直接材料

月初棚卸高：¥128,000　当月買入高：¥255,000　月末棚卸高：　¥92,000

② 直接賃金

前月未払高：　¥83,000　当月支払高：¥208,000　当月未払高：¥111,000

③ 製造間接費

製造間接費実際発生額　¥294,000

4．製品在庫数量

月初在庫数量　　12台

月末在庫数量　　15台

仕　掛　品

前月繰越	(　　　)	製　　品	(　　　)
材　　料	(　　　)	原価差異	(　　　)
賃　　金	(　　　)	次月繰越	(　　　)
製造間接費	(　　　)		
	(　　　)		(　　　)

製　　品

前月繰越	(　　　)	売上原価	(　　　)
仕 掛 品	(　　　)	次月繰越	(　　　)
	(　　　)		(　　　)

第28章　標準原価計算（Ⅱ）

ポイント整理

★ 1 標準原価差異の分析

標準原価差異：標準原価と実際原価との差額をいい，原価要素別に，直接材料費差異，直接労務費差異，製造間接費差異として把握され分析される。

標準原価差異 ＝ 標準原価 － 実際原価 ＝（原価標準 × 実際生産量）－ 実際原価

標準原価 ＞ 実際原価　→　有利差異（貸方差異）

標準原価 ＜ 実際原価　→　不利差異（借方差異）

★ 2 直接材料費差異の分析

直接材料費差異：標準直接材料費と実際直接材料費との差額をいい，価格差異と数量差異に分解できる。

直接材料費差異 ＝ 標準直接材料費 － 実際直接材料費

価格差異 ＝（標準価格 － 実際価格）× 実際消費量

数量差異 ＝ 標準価格 ×（標準消費量 － 実際消費量）

★ 3 直接労務費差異の分析

直接労務費差異：標準直接労務費と実際直接労務費との差額をいい，賃率差異と作業時間差異に分解できる。

直接労務費差異 ＝ 標準直接労務費 − 実際直接労務費

賃率差異 ＝（標準賃率 − 実際賃率）× 実際作業時間

作業時間差異 ＝ 標準賃率 ×（標準作業時間 − 実際作業時間）

★ 4 製造間接費差異の分析

製造間接費差異：製造間接費標準配賦額と製造間接費実際発生額との差額をいうが，製造間接費予算の設定が固定予算か変動予算かによって差異分析のやり方が異なる。

製造間接費差異 ＝ 製造間接費標準配賦額 − 製造間接費実際発生額

（1）固定予算にもとづく製造間接費差異の分析：製造間接費差異を予算差異，能率差異，操業度差異の3つに分解する。

予算差異 ＝ 製造間接費予算額 − 製造間接費実際発生額

能率差異 ＝ 標準配賦率 ×（標準操業度 − 実際操業度）

操業度差異 ＝ 標準配賦率 × 実際操業度 − 製造間接費予算額

（2）変動予算にもとづく製造間接費差異の分析：製造間接費差異をどのような原因別の差異に分解するかによって，①2分法，②3分法，③4分法とよばれる分析方法がある。

① 2分法：製造間接費差異を管理可能差異と操業度差異の2つに分けて分析する方法。

管理可能差異 ＝ 標準操業度における製造間接費予算額 − 製造間接費実際発生額

操業度差異 ＝ 固定費率 ×（標準操業度 − 基準操業度）

② 3分法：製造間接費差異を予算差異，能率差異，操業度差異の3つに分けて分析する方法であるが，能率差異と操業度差異の算定方法の違いにより，さらに2つの方法に分けられる。

a）第1法

予算差異 ＝ 実際操業度における製造間接費予算額 − 製造間接費実際発生額
＝（変動費率 × 実際操業度 ＋ 固定費予算）− 製造間接費実際発生額

能率差異 ＝ 標準配賦額 － 実際操業度 × 標準配賦率
＝ 標準配賦率 ×（標準操業度 － 実際操業度）

操業度差異 ＝ 実際操業度 × 標準配賦率 － 実際操業度における製造間接費予算額
＝ 固定費率 ×（実際操業度 － 基準操業度）

b）第２法

予算差異 ＝ 実際操業度における製造間接費予算額 － 製造間接費実際発生額

能率差異 ＝ 標準操業度における製造間接費予算額
－ 実際操業度における製造間接費予算額
＝ 変動費率 ×（標準操業度 － 実際操業度）

操業度差異 ＝ 標準配賦額 － 標準操業度における製造間接費予算額
＝ 固定費率 ×（標準操業度 － 基準操業度）

③　４分法：製造間接費差異を予算差異，変動費能率差異，固定費能率差異，操業度差異の４つに分けて分析する方法。

予算差異 ＝ 実際操業度における製造間接費予算額 － 製造間接費実際発生額

変動費能率差異 ＝ 変動費率 ×（標準操業度 － 実際操業度）

固定費能率差異 ＝ 固定費率 ×（標準操業度 － 実際操業度）

操業度差異 ＝ 固定費率 ×（実際操業度 － 基準操業度）

変動予算における製造間接費差異分析の体系：

<table>
<tr><th>２分法</th><th>３分法
（第１法）</th><th>３分法
（第２法）</th><th>４分法</th></tr>
<tr><td rowspan="2">管理可能差異</td><td>予算差異</td><td>予算差異</td><td>予算差異</td></tr>
<tr><td rowspan="2">能率差異</td><td>能率差異</td><td>変動費能率差異</td></tr>
<tr><td rowspan="2">操業度差異</td><td rowspan="2">操業度差異</td><td>固定費能率差異</td></tr>
<tr><td>操業度差異</td><td>操業度差異</td></tr>
</table>

★５　原価差異の会計処理

標準原価計算制度における原価差異の処理方法は原則として売上原価に賦課し，損益計算書上，売上原価の内訳科目として記載する。

標準原価計算制度における損益計算書：

損益計算書

Ⅰ	売上高		××××
Ⅱ	売上原価		
	1　期首製品標準棚卸高	××××	
	2　当期製品標準製造原価	××××	
	合　　計	××××	
	3　期末製品標準棚卸高	××××	
	標準売上原価	××××	
	4　原価差異	××××	××××
	売上総利益		××××
Ⅲ	販売費及び一般管理費		××××
	営業利益		××××

練習問題

★問題１　標準原価計算を採用している千葉工業の製品Ｃに関する次の資料にもとづき，問１～問５に答えなさい。

［資料］

１．製品Ｃの標準原価カード

	標準価格	標準消費量	金　額
直接材料費	￥400	３ kg	￥1,200
	標準賃率	標準作業時間	
直接労務費	￥750	４時間	￥3,000
	標準配賦率	標準作業時間	
製造間接費	￥700	４時間	￥2,800
	製品Ｃ　１個当たりの標準原価		￥7,000

２．当月の実際生産量：(　　) 内は加工進捗度

月初仕掛品　　200個 (70％)

当月完成品　1,400個

月末仕掛品　　180個 (50％)

(注) 直接材料は工程の始点ですべて投入されている。

３．実際原価に関するデータ

直接材料費　　￥1,701,000 (実際消費量　4,200kg)

直接労務費　　￥4,001,500 (実際作業時間　5,300時間)

製造間接費　　￥3,816,000

４．製造間接費の月間予算額

変動費予算額：変動費率　￥280／時間　固定費予算額：￥2,310,000

月間基準操業度 (直接作業時間)：5,500時間

問１　当月完成品の標準原価を計算しなさい。

問２　月末仕掛品の標準原価を計算しなさい。

問３　直接材料費差異を算定し，価格差異と数量差異を求めなさい。

問４　直接労務費差異を算定し，賃率差異と作業時間差異を求めなさい。

問５　製造間接費差異を算定し，４分法で予算差異，変動費能率差異，固定費能率差異，操業度差異を求めなさい。

問 1	当月完成品の標準原価	¥
問 2	月末仕掛品の標準原価	¥
問 3	直接材料費差異	¥
	価格差異	¥
	数量差異	¥
問 4	直接労務費差異	¥
	賃率差異	¥
	作業時間差異	¥
問 5	製造間接費差異	¥
	予算差異	¥
	変動費能率差異	¥
	固定費能率差異	¥
	操業度差異	¥

★ **問題 2** 標準原価計算を採用している山口工業の製品Qに関する次の資料にもとづき，製造間接費差異を求めなさい。同社は固定予算を採用しており，製造間接費差異は，予算差異，能率差異，操業度差異に分解して分析しなさい。

[資料]

1．製品Q 1個当たりの原価標準

製造間接費：¥600／時間（標準配賦率）× 2 時間／個（標準作業時間）＝¥1,200／個

2．生産データ：(　　) 内は加工進捗度

月初仕掛品数量	100個	(70%)
当月投入数量	800個	
合　計	900個	
月末仕掛品数量	150個	(40%)
当月完成品数量	750個	

(注) 直接材料は工程の始点ですべて投入されている。

3．製造間接費の予算額

製造間接費月間予算額：¥960,000

月間基準操業度（直接作業時間）：1,600時間

4．実際原価に関するデータ

製造間接費　¥976,500（実際作業時間　1,550時間）

製造間接費差異	¥
予算差異	¥
能率差異	¥
操業度差異	¥

★問題３　群馬工業はパーシャル・プランの標準原価計算を採用している。製品Wに関する次の資料にもとづき，解答欄の勘定口座に記入しなさい。なお，同社では差異の分析に３分法（能率差異は変動費率×（標準操業度－実際操業度）で求める）を用いている。

［資料］

１．製品Wの標準原価カード

	標準価格	標準消費量	金　額
直接材料費	¥100	3 kg	¥300
	標準賃率	標準作業時間	
直接労務費	¥250	２時間	¥500
	標準配賦率	標準作業時間	
製造間接費	¥300	２時間	¥600
	製品W　１個当たりの標準原価		¥1,400

２．当月の実際生産量：（　　）内は加工進捗度

月初仕掛品　　150個（60％）

当月完成品　1,800個

月末仕掛品　　200個（50％）

（注）直接材料は工程の始点ですべて投入されている。

３．実際原価に関するデータ

直接材料費　　¥576,800（実際消費量　5,600kg）

直接労務費　　¥876,000（実際作業時間　3,650時間）

製造間接費　¥1,138,800

（製造間接費の内訳：材料¥232,300，賃金¥587,500，経費¥319,000）

４．製造間接費の月間予算額

変動費予算額：変動費率　¥90／時間　　　固定費予算額：¥798,000

月間基準操業度（直接作業時間）：3,800時間

材　料

賃　金

経　費

仕 掛 品

製造間接費

製　品

価格差異

数量差異

賃率差異

作業時間差異

予算差異

能率差異

操業度差異

★**問題 4**　栃木工業はパーシャル・プランの標準原価計算を採用している。製品Rに関する次の平成×5年度の資料にもとづき，問1～問3に答えなさい。

[資料]

1．製品Rの標準原価カード

	標準価格	標準消費量	金　額
直接材料費	¥600	4 kg	¥2,400
	標準賃率	標準作業時間	
直接労務費	¥1,000	3時間	¥3,000
	標準配賦率	標準作業時間	
製造間接費	¥500	3時間	¥1,500
	製品R　1個当たりの標準原価		¥6,900

2．今年度の実際生産量：(　　) 内は加工進捗度

期首仕掛品　　2,500個 (60%)

当期完成品　　30,000個

期末仕掛品　　2,800個 (50%)

(注) 直接材料は工程の始点ですべて投入されている。

3．実際原価に関するデータ

直接材料費　　¥75,020,000 (実際消費量　124,000kg)

直接労務費　　¥94,500,000 (実際作業時間　90,000時間)

製造間接費　　¥46,350,000

4．製品在庫数量

期首在庫数量　　5,200個

期末在庫数量　　3,000個

5．販売に関するデータ

当期売上高　　￥300,000,000

問１　①直接材料費差異，②直接労務費差異，③製造間接費差異を計算しなさい。

問２　解答欄の仕掛品勘定と製品勘定を完成しなさい。

問３　解答欄の平成×５年度の損益計算書を完成しなさい。なお，原価差異は売上原価に賦課すること。

問１

直接材料費差異	￥
直接労務費差異	￥
製造間接費差異	￥

問２

仕　掛　品

前月繰越	(　　　)	製　　品	(　　　)
材　　料	(　　　)	原価差異	(　　　)
賃　　金	(　　　)	次月繰越	(　　　)
製造間接費	(　　　)		
	(　　　)		(　　　)

製　　品

前月繰越	(　　　)	売上原価	(　　　)
仕 掛 品	(　　　)	次月繰越	(　　　)
	(　　　)		(　　　)

問３

損益計算書　（単位：円）

自平成×５年１月１日　至平成×５年12月31日

Ⅰ　売上高		(　　　)
Ⅱ　売上原価		
1　期首製品標準棚卸高	(　　　)	
2　当期製品標準製造原価	(　　　)	
合　　計	(　　　)	
3　期末製品標準棚卸高	(　　　)	
標準売上原価	(　　　)	
4　原価差異	(　　　)	(　　　)
売上総利益		(　　　)

第29章 CVP（原価・営業量・利益）関係の分析

ポイント整理

★1 CVP分析の意義と損益分岐点分析

CVP分析：原価（Cost）・営業量（売上高）（Volume）・利益（Profit）の相互関係を分析することで，利益計画策定に役立つ情報を得るための技法。

CVP分析における損益計算：

売上高 － 変動費 ＝ 貢献利益

貢献利益 － 固定費 ＝ 営業利益

損益分岐点：損失と利益が分岐する点のことであり，企業にとっては利益がゼロの採算点を示す。

損益分岐点分析：損益分岐点（利益がゼロのとき）における売上高（V）と原価（C）の関係を分析する技法。

★2 損益分岐図表

損益分岐図表：横軸に営業量（売上高），縦軸に金額（収益・原価）をとり，これに売上高，固定費，変動費を描き込むことで，視覚的にCVP関係をあらわした図表。売上高線と総原価線が交わった点が損益分岐点となる。

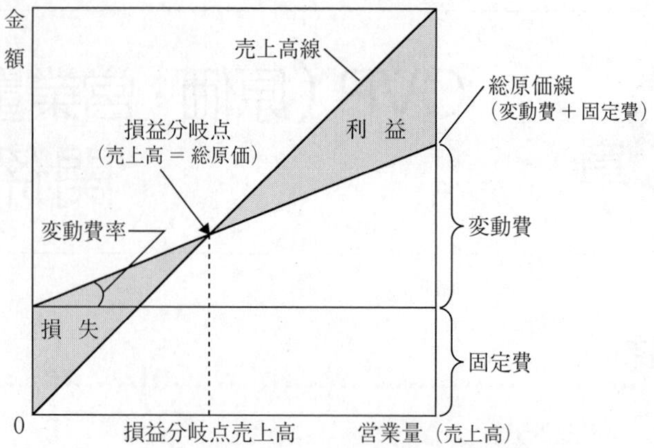

★3 損益分岐点分析の計算式

$$損益分岐点販売数量 = \frac{固定費}{販売単価 - 単位当たり変動費} = \frac{固定費}{単位当たり貢献利益}$$

$$損益分岐点売上高 = \frac{固定費}{1 - 変動費率} = \frac{固定費}{1 - \frac{変動費}{売上高}} = \frac{固定費}{貢献利益率}$$

安全余裕率：現在の売上高（あるいは計画売上高）が，損益分岐点に達するまでどのくらい低下する余裕があるかを示す指標。

$$安全余裕率（\%）= \frac{現在の売上高 - 損益分岐点売上高}{現在の売上高} \times 100$$

損益分岐点比率：損益分岐点が現在の売上高（あるいは計画売上高）に対してどの程度の水準にあるかを示す指標。

$$損益分岐点比率（\%）= \frac{損益分岐点売上高}{現在の売上高} \times 100$$

★4 目標利益とCVP分析

$$目標利益達成点販売数量 = \frac{固定費 + 目標利益}{販売単価 - 単位当たり変動費} = \frac{固定費 + 目標利益}{単位当たり貢献利益}$$

$$目標利益達成点売上高 = \frac{固定費 + 目標利益}{1 - 変動費率} = \frac{固定費 + 目標利益}{1 - \frac{変動費}{売上高}}$$

$$= \frac{固定費 + 目標利益}{貢献利益率}$$

$$目標利益率達成点売上高 = \frac{固定費}{1 - 変動費率 - 目標売上高利益率}$$

$$= \frac{固定費}{1 - \dfrac{変動費}{売上高} - \dfrac{目標利益}{売上高}}$$

5 原価予測の方法

原価分解（原価の固変分解）：営業量との関係（原価態様）にもとづき原価を変動費と固定費に分類すること。

原価分解の方法（実績データ基準法）：

（1）費目別精査法（勘定科目精査法）：会計担当者が知識と経験にもとづき各原価の費目（勘定科目）を個別に精査し，変動費と固定費に分類する方法。

（2）高低点法：過去の原価データのうち，最高時と最低時の営業量における原価額の間の直線を推定することで，単位当たり変動費と固定費額を求める方法。

$$単位当たり変動費 = \frac{最高時原価額 - 最低時原価額}{最高時営業量 - 最低時営業量}$$

固定費額 ＝ 最高（最低）時原価額 － 単位当たり変動費 × 最高（最低）時営業量

（3）スキャッター・チャート（散布図表）法：過去の原価データをグラフ上にすべてプロットしていき，各点の中央を通る直線を目分量で引き，その直線の傾きから単位当たり変動費を，縦軸との交点から固定費額を求める方法。

（4）最小自乗法：統計学における回帰分析の方法（最小自乗法）を用いて，すべての原価データを示す点からの距離（偏差）の合計が最小となる直線を計算によって求める方法。求める直線は次の連立方程式の解となる。

$$\begin{cases} \Sigma y = na + b\Sigma x \\ \Sigma xy = a\Sigma x + b\Sigma x^2 \end{cases}$$

練習問題

★問題１　高知工業は，次年度の利益計画を策定中であり，次のような見積損益計算書を作成した。

見積損益計算書

（単位：万円）

売 上 高（単価￥3,000，数量40,000個）			12,000
売上原価：	直接材料費	3,200	
	直接労務費	2,400	
	製造間接費	1,600	7,200
売上総利益			4,800
販 売 費		1,800	
一般管理費		1,200	3,000
営業利益			1,800

なお，高知工業では，見積損益計算書中の売上原価と販売費，一般管理費を次のように変動費と固定費に分類している。

（1）直接材料費はすべて変動費

（2）直接労務費はすべて固定費

（3）製造間接費のうち￥6,000,000が変動費

（4）販売費のうち￥8,000,000が固定費

（5）一般管理費はすべて固定費

以下の設問に答えなさい。

（1）変動費と固定費に分類した見積損益計算書を作成しなさい。

（2）高知工業の損益分岐図表を作成し，損益分岐点における売上高を求めなさい。

（3）高知工業は固定費の管理に関心を抱いており，図表上で貢献利益額を明示できるよう変動費の上に固定費を描くタイプの損益分岐図表を作成しなさい。

（1）

見積損益計算書

（単位：万円）

売上高（単価￥3,000，数量40,000個）			（　　　）
変動費：	（　　　）	（　　　）	
	（　　　）	（　　　）	
	（　　　）	（　　　）	（　　　）
（　　）利益			（　　　）
固定費：	（　　　）	（　　　）	
	（　　　）	（　　　）	
	（　　　）	（　　　）	
	（　　　）	（　　　）	（　　　）
（　　）利益			（　　　）

(２)

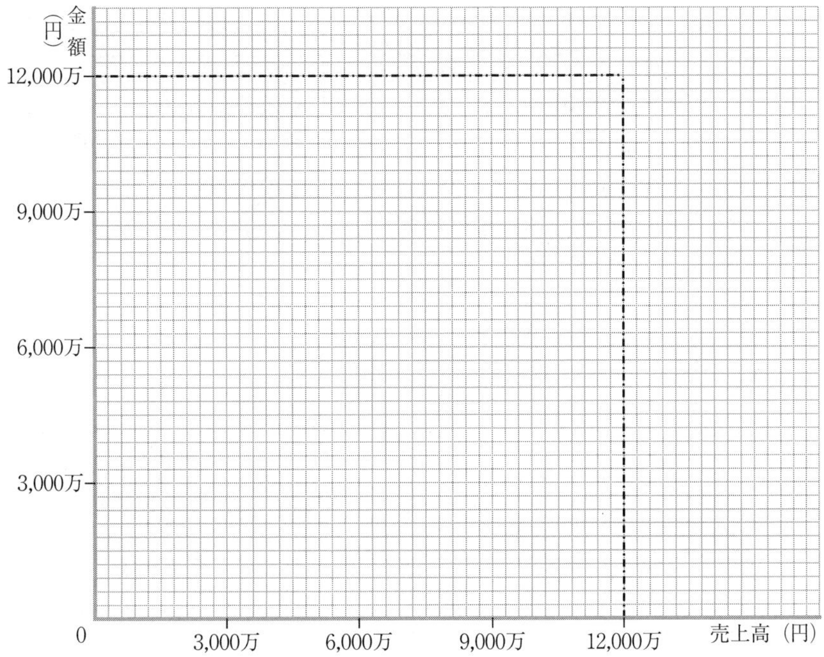

損益分岐点の売上高	¥

(３)

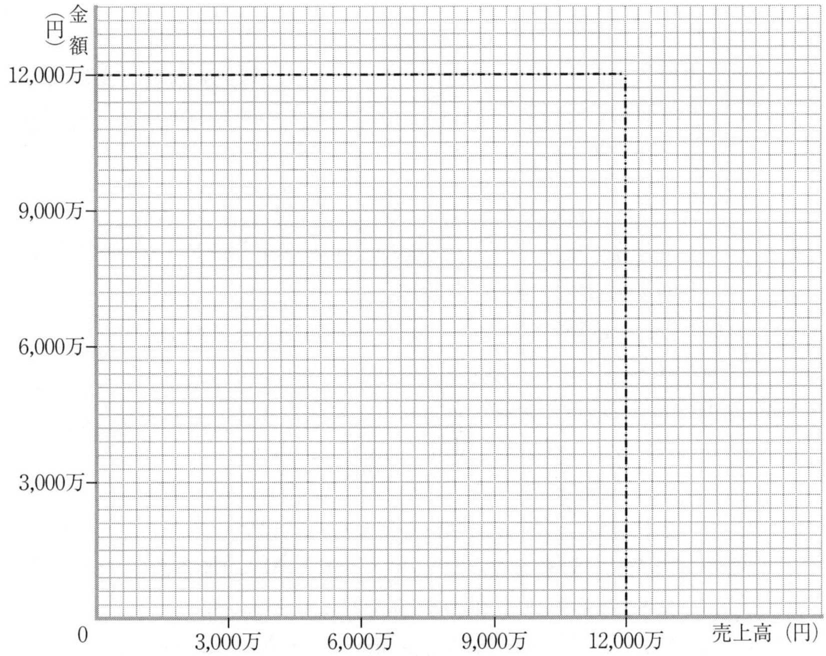

★ 問題 2　鳥取工業に関する次の資料の空欄（①）～（⑤）に当てはまる適当な数字を答えなさい。

［資料］

	変動費	固定費	
売上高（@￥5,000×20,000個）	－	－	￥100,000,000
直接材料費	￥23,000,000	－	－
直接労務費	－	￥24,000,000	－
製造間接費	￥10,000,000	①	－
販売費及び一般管理費	②	③	－
売上総利益	－	－	￥35,000,000
単位当たり貢献利益	－	－	￥2,750
損益分岐点売上高	－	－	④
営業利益			⑤
安全余裕率	－	－	25%

①	②	③	④	⑤
￥	￥	￥	￥	￥

★ 問題 3　岡山工業は，電子部品R－Ⅱを製造・販売している会社であり，現在，来年度の利益計画を策定中である。同社では，来年度，電子部品R－Ⅱを１個当たり￥3,000で60,000個販売できると見込んでいる。電子部品R－Ⅱの製造原価ならびに販売費及び一般管理費は次のとおりである。

１個当たり変動費：		固定費（年間）：	
直接材料費	￥300	製造間接費	￥40,000,000
直接労務費	￥500	販売費及び一般管理費	￥50,000,000
製造間接費	￥200		
販　売　費	￥200		

この来年度の見込みをもとに，以下の設問に答えなさい。

（１）来年度の見込みのもとで岡山工業の（ａ）売上高はいくらになるか，また，（ｂ）営業利益はいくらになるか。

（２）（ａ）変動費率および，（ｂ）貢献利益率を求めなさい。

（３）来年度の損益分岐点売上数量を求めなさい。

（４）来年度の損益分岐点売上高を求めなさい。

（５）来年度の損益分岐点比率を求めなさい。

（６）岡山工業は，来年度，目標利益￥36,000,000を達成したいと考えている。この目標利益を達成するために必要な売上高はいくらか。

（７）販売部の見積もりによると，不況と市場の競争激化によって，来年度の売上高は￥195,000,000（販売数量65,000個）が限度であるという。

（ａ）このとき岡山工業の営業利益はいくらになるか。

（ｂ）この売上高のもとで目標利益￥36,000,000を達成するために固定費を削減しようとした場合，いくら削減しなければならないか。

（8）販売部では，電子部品R－Ⅱの販売数量を増やすために販売単価を10％下げ¥2,700で販売してはどうかと提案している。この提案のもとで，目標利益¥36,000,000を達成するために必要な販売数量はいくらか。

（1）	（a）	¥	（b）	¥
（2）	（a）		（b）	
（3）	個			
（4）	¥			
（5）				
（6）	¥			
（7）	（a）	¥	（b）	¥
（8）	個			

問題 4　山口工業は次年度の利益計画を策定中であり，次のような見積損益計算書を作成した。

見積損益計算書

売上高（@¥2,000×150,000個）	¥300,000,000
変動費	¥135,000,000
貢献利益	¥165,000,000
固定費	¥150,000,000
営業利益	¥15,000,000

同社では，次年度，売上高営業利益率15％を目標にしており，その達成のための方策を検討中である。以下の設問に答えなさい。なお，計算結果に端数がでる場合には，切り上げによって万円の単位まで求めなさい。

（1）山口工業が検討している以下の4つの目標利益率達成案それぞれについて，各問いに答えなさい。また，各目標利益率達成案のもとでの損益分岐点売上高を求めなさい。なお，各目標利益率達成案は独立しているものとする。

① 目標利益率を販売数量の増加によって達成しようとする場合，いくら増加すればよいか。

② 目標利益率を販売単価の値上げによって達成しようとする場合，いくら値上げすればよいか。なお，この値上げによって販売量は影響を受けないものとする。

③ 売上高のこれ以上の増加は見込めないため，目標利益率を変動費の削減によって達成しようとする場合，いくら削減すればよいか。

④ 売上高のこれ以上の増加は見込めないため，目標利益率を固定費の削減によって達成しようとする場合，いくら削減すればよいか。

（2）上記①～④の4つの目標利益率達成案のうち，山口工業の目標である「売上高営業利益率15％」を，最も効果的に達成すると考えられる案はどれか。①～④の番号で答えなさい。

（1）	目標利益率達成案の分析結果	損益分岐点売上高
①	販売数量の増加分　　　　　　個	¥
②	販売単価の値上げ額　¥	¥
③	変動費の削減額　¥	¥
④	固定費の削減額　¥	¥
（2）		

問題 5　次の資料は，島根工業の松江工場において，準変動費として分類された補助材料費の平成×5年1月から11月までの実績データである。同工場の正常操業圏は，月間生産量2,000個を基準操業度として，その±15％の範囲である。

月	生産量	補助材料費
1	1,950個	740万円
2	1,550	650
3	1,890	725
4	2,100	780
5	1,820	720
6	2,520	845
7	2,180	790
8	1,980	745
9	2,160	790
10	2,200	800
11	2,270	810

以下の設問に答えなさい。なお，計算結果に端数がでる場合には，四捨五入によって，変動費率は百円の単位まで，固定費は万円の単位まで求めなさい。

（1）高低点法によって，生産量単位当たりの変動費率と固定費（月額）を求め，生産量と補助材料費の関係を表す式を示しなさい。

（2）最小自乗法によって，生産量単位当たりの変動費率と固定費（月額）を求め，生産量と補助材料費の関係を表す式を示しなさい。

（3）12月の予定生産量が2,050個のとき，（1）の高低点法，（2）の最小自乗法のそれぞれによって求めた生産量と補助材料費の関係式にもとづき，同月の補助材料費の発生額を予測しなさい。

	変動費率	固定費（月額）	関係式
（1）		¥	
（2）		¥	
（3）	（1）の高低点法　¥		
	（2）の最小自乗法　¥		

第30章　直接原価計算

ポイント整理

★1　直接原価計算の特徴と意義

直接原価計算：製造原価を変動費と固定費に区分した上で，変動費（変動製造原価）のみを製品原価として集計し，固定費（固定製造原価）については期間原価として処理する原価計算方式。

直接原価計算における原価の分類：

	製造原価		販 売 費	一般管理費
	製造直接費	製造間接費		
変 動 費	製造直接費	変動製造間接費	変動販売費	
固 定 費		固定製造間接費	固定販売費	一般管理費

（薄い網掛け）… 製品原価　（濃い網掛け）… 期間原価

直接原価計算の目的：

① 期間損益計算の改善
② 短期利益計画の策定
③ 経営意思決定への情報提供

★2　直接原価計算による損益計算

製造原価，販売費及び一般管理費を変動費と固定費に区分し，貢献利益概念を用いて損益計算を行う。

直接原価計算における計算構造：

売上高 － 変動売上原価（製造直接費 ＋ 変動製造間接費）**＝ 変動製造マージン**

変動製造マージン － 変動販売費 ＝ 貢献利益（限界利益）

貢献利益 − 固定費（固定製造間接費 ＋ 固定販売費 ＋ 一般管理費）＝ 営業利益

直接原価計算の損益計算書：

損益計算書

Ⅰ 売上高		××××
Ⅱ 変動売上原価		××××
変動製造マージン		××××
Ⅲ 変動販売費		××××
貢献利益		××××
Ⅳ 固定費		
1 固定製造間接費	××××	
2 固定販売費及び一般管理費	××××	××××
営業利益		××××

★3 直接原価計算による記帳手続き

直接原価計算における勘定連絡図：

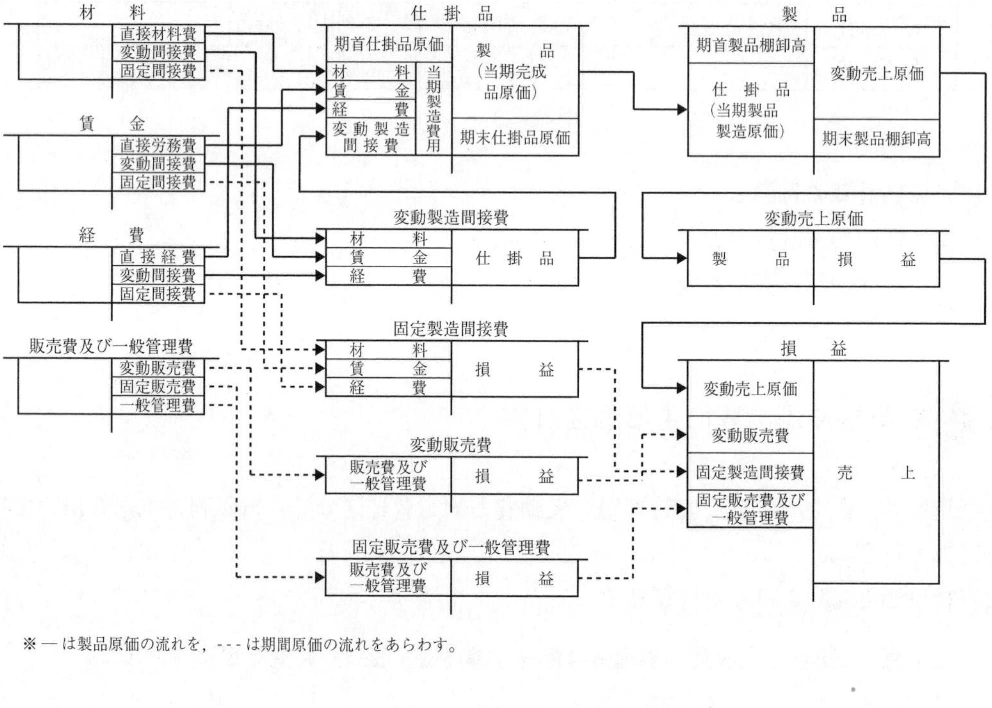

※ ― は製品原価の流れを，--- は期間原価の流れをあらわす。

4 固定費調整

公表財務諸表作成のために直接原価計算を用いることは認められていないため，直接原価計算によって算定された営業利益を，期末に，全部原価計算にもとづく営業利益に修正調整する手続き。

全部原価計算による営業利益

＝（直接原価計算による営業利益）＋（期末棚卸資産に含まれる固定製造間接費）

－（期首棚卸資産に含まれる固定製造間接費）

練習問題

★**問題1**　直接原価計算を採用している和歌山工業の次の勘定記入を完成しなさい。また，当月の同社の貢献利益はいくらか。

なお，当月完成品数量は275個であり，製品単位当たり変動販売費は¥10,000，製品の販売単価は¥60,000である。また，月初に仕掛品・製品はなく，製品の出庫単価の計算は先入先出法による。

（単位：千円）

仕　掛　品

材　　料	1,800	（　　）	（　　）
賃　　金	2,300	次月繰越	（　　）
経　　費	400		
（　　）	（　　）		
	（　　）		（　　）

製　　品

（　　）	（　　）	（　　）	（　　）
		次月繰越	（　　）
	（　　）		（　　）

変動製造間接費

材　　料	500	（　　）	（　　）
賃　　金	400		
経　　費	600		
	（　　）		（　　）

（　　）

製　　品	（　　）	（　　）	5,000

固定製造間接費

材　　料	450	（　　）	（　　）
賃　　金	600		
経　　費	950		
	（　　）		（　　）

損　　益

変動売上原価	（　　）	売　　上	（　　）
（　　）	（　　）		
固定製造間接費	（　　）		
（　　）	3,000		

変動販売費

販 売 費	2,500	（　　）	（　　）

固定販売費及び一般管理費

販 売 費	800	（　　）	（　　）
一般管理費	2,200		
	（　　）		（　　）

貢献利益	¥

★ 問題2　次の資料にもとづいて，三重工業の4期間にわたる損益計算書を，（1）全部原価計算と（2）直接原価計算によって作成しなさい。

［資料］

1．各期の生産・販売データ

	第1期	第2期	第3期	第4期
期首製品在庫数量	0個	0個	200個	0個
製品生産数量	1,000個	1,200個	900個	1,500個
製品販売数量	1,000個	1,000個	1,100個	900個
期末製品在庫数量	0個	200個	0個	600個

（注）毎期の期首・期末に仕掛品は存在しない。

2．原価データ（毎期同じものとする）

製品単位当たり変動製造原価	￥1,000
1期間当たり固定製造原価	￥360,000
製品単位当たり変動販売費	￥150
1期間当たり固定販売費及び一般管理費	￥250,000

3．製品販売単価（毎期同じものとする）　￥2,000

<全部原価計算>

損益計算書

（単位：千円）

	第1期	第2期	第3期	第4期
売上高	（　　）	（　　）	（　　）	（　　）
売上原価	（　　）	（　　）	（　　）	（　　）
売上総利益	（　　）	（　　）	（　　）	（　　）
販売費及び一般管理費	（　　）	（　　）	（　　）	（　　）
営業利益	（　　）	（　　）	（　　）	（　　）

<直接原価計算>

損益計算書

（単位：千円）

	第1期	第2期	第3期	第4期
売上高	（　　）	（　　）	（　　）	（　　）
変動売上原価	（　　）	（　　）	（　　）	（　　）
変動製造マージン	（　　）	（　　）	（　　）	（　　）
変動販売費	（　　）	（　　）	（　　）	（　　）
貢献利益	（　　）	（　　）	（　　）	（　　）
固定費	（　　）	（　　）	（　　）	（　　）
営業利益	（　　）	（　　）	（　　）	（　　）

★ 問題3 　問題2 の三重工業の資料にもとづいて，直接原価計算によって算定された営業利益を全部原価計算にもとづく営業利益へ修正する場合の固定費調整額を，第２期から第４期について求めなさい。

	第２期	第３期	第４期
固定費調整額	¥	¥	¥

★ 問題4 　次の資料にもとづき，愛知工業の損益計算書を直接原価計算方式で作成しなさい。

[資料]

１．製品の販売単価	¥5,000
２．月初製品原価	
直接材料費	¥600,000
直接労務費	¥400,000
製造間接費配賦額	¥（　　　）
３．当月の製品製造原価	
直接材料費	¥4,560,000
直接労務費	¥3,040,000
製造間接費配賦額	¥（　　　）
４．製造間接費年間予算額	
変動製造間接費	¥21,000,000
固定製造間接費	¥27,300,000
５．販売費及び一般管理費	
製品１個当たり変動販売費	¥250
当月の固定販売費及び一般管理費	¥4,500,000
６．当月の製造間接費実際発生額	
変動製造間接費	¥2,000,000
固定製造間接費	¥2,300,000
７．当月の生産データ	
月初製品棚卸数量	500個
当月完成品数量	3,800個
当月製品販売数量	3,600個
月初・月末仕掛品棚卸数量	0個
８．年間予定生産量	42,000個

（注）① 直接材料費と直接労務費は変動費である。
② 製品の出庫単価の計算は先入先出法による。
③ 製造間接費は製品生産量を基準に予定配賦しており，製造間接費配賦差異は売上原価に賦課する。

月次損益計算書

(単位：千円)

Ⅰ 売 上 高		( )
Ⅱ 変動売上原価		
1 月初製品棚卸高	( )	
2 当月製品変動製造原価	( )	
合 計	( )	
3 月末製品棚卸高	( )	
差 引	( )	
4 原 価 差 異	( )	( )
変動製造マージン		( )
Ⅲ 変動販売費		( )
貢 献 利 益		( )
Ⅳ 固 定 費		
1 固定製造間接費	( )	
2 固定販売費及び一般管理費	( )	( )
営 業 利 益		( )

問題 5 次の資料にもとづき，岐阜工業の損益計算書を，（1）全部原価計算方式と，（2）直接原価計算方式で作成しなさい。

［資料］

1．製品の販売単価　¥3,000

2．当期の製品1個当たり標準変動製造原価

直接材料費	¥800
直接労務費	¥400
製造間接費	¥300
合　計	¥1,500

3．固定製造間接費年間予算額　¥2,500,000

4．製品1個当たり変動販売費　¥200

5．当期の固定販売費及び一般管理費予算　¥3,000,000

6．期首製品原価

直接材料費	¥190,000
直接労務費	¥90,000
変動製造間接費配賦額	¥60,000
固定製造間接費配賦額	¥100,000
合　計	¥440,000

7．当期の生産データ

期首製品棚卸数量	200個
当期完成品数量	5,200個
当期製品販売数量	5,000個
期首・期末仕掛品棚卸数量	0個

8．年間正常生産量　5,000個

(注) ① 製品の出庫単価の計算は先入先出法による。
② 当期の実際原価は，上記標準原価または予定原価に一致している。
③ 製造間接費は製品生産量を基準に予定配賦しており，原価差異は売上原価に賦課する。

＜全部原価計算＞

損益計算書

(単位：千円)

Ⅰ 売上高		(　　)
Ⅱ 売上原価		
1 期首製品棚卸高	(　　)	
2 当期製品製造原価	(　　)	
合計	(　　)	
3 期末製品棚卸高	(　　)	
差引	(　　)	
4 原価差異（操業度差異）	(　　)	(　　)
売上総利益		(　　)
Ⅲ 販売費及び一般管理費		(　　)
営業利益		(　　)

＜直接原価計算＞

損益計算書

(単位：千円)

Ⅰ 売上高		(　　)
Ⅱ 変動売上原価		
1 期首製品棚卸高	(　　)	
2 当期製品変動製造原価	(　　)	
合計	(　　)	
3 期末製品棚卸高	(　　)	(　　)
変動製造マージン		(　　)
Ⅲ 変動販売費		(　　)
貢献利益		(　　)
Ⅳ 固定費		
1 固定製造間接費	(　　)	
2 固定販売費及び一般管理費	(　　)	(　　)
営業利益		(　　)

第31章 業務的意思決定

ポイント整理

1 経営意思決定と業務的意思決定

経営意思決定：企業の将来進むべき方向について，経営者が行う代替案からの選択であり，通常，一度限りの問題に対して臨時的，個別的に行われる。

業務的意思決定：経営の基本構造を前提として，その基本構造の中で行われる短期的な日常の業務執行に関する意思決定。

業務的意思決定の例：特別注文を受けるか否か，部品を自製するか購入するか，追加加工か販売か，既存製品を廃止すべきか否かなどに関する意思決定。

2 意思決定のための原価概念

特殊原価調査：意思決定に有用な原価情報を提供するために行われる臨時的な原価計算。

特殊原価：特殊原価調査で用いられるさまざまな原価概念のことであり，原価計算制度で用いられる原価の一般概念とは異なるものである。

（1）差額原価：代替案の間で生じる原価の差額分のことであり，意思決定問題の分析に際して，関連原価としてきわめて重要な役割を果たす。

（2）埋没原価：代替案によって変化しない原価のことであり，非関連原価として分析から除外される。

（3）機会原価：意思決定において，代替案の中から１つの案を選択したとき，採用されなかった他の案から得られるはずの利益を失うことになるが，この場合の失われた利益，すなわち逸失利益のことをいう。

3 差額原価収益分析

差額原価収益分析：代替案間で差額を示す収益（差額収益）と原価（差額原価），そして両者の差額としての利益（差額利益）にもとづいて代替案の評価を行う手法（「差額収益 − 差額原価 = 差額利益」）。

差額原価収益分析の分析手順：

① 比較検討する代替案を適切に識別し，関連するすべてのデータを収集する。

② 代替案の間で差額を示さない収益・原価（埋没原価）を除外する。

③ 代替案間の差額収益・差額原価・差額利益を計算し，その結果にもとづいて最善の案を決定する。

4 最適発注量の決定（経済的発注量（EOQ））

経済的発注量（EOQ）：在庫関連費用（発注費と保管費）が最小となる発注量。

発注費：材料や部品などを注文するときに発生する通信費や事務処理費，入荷した材料や部品の荷下ろし費や検査費などの費用。

$$\text{年間発注費} = 1\text{回当たり発注費}(P) \times \text{年間発注回数}$$

$$= 1\text{回当たり発注費}(P) \times \frac{\text{年間必要量}(D)}{1\text{回当たり発注量}(Q)}$$

保管費：材料や部品などの在庫品を保管するための倉庫賃貸料や火災保険料，在庫品への投資によって拘束される資本の機会原価などの費用。

$$\text{年間保管費} = 1\text{単位当たり保管費}(C) \times \text{平均在庫量}\left(\frac{Q}{2}\right)$$

年間在庫関連費用の算式：

$$\text{年間在庫関連費用}(TC) = \text{年間発注費} + \text{年間保管費}$$

$$= P\left(\frac{D}{Q}\right) + C\left(\frac{Q}{2}\right)$$

経済的発注量（EOQ）の算式：

$$Q = \sqrt{\frac{2PD}{C}} = \sqrt{\frac{2 \times 1\text{回当たり発注費} \times \text{年間必要量}}{1\text{単位当たり保管費}}}$$

EOQと在庫関連費用との関係：

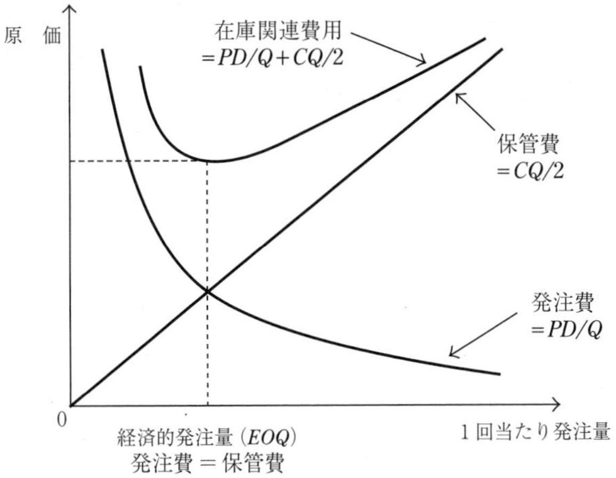

練習問題

問題１ 神戸食品は，レトルトカレーを生産・販売している。現在，来期の利益計画を策定中であり，次のような見積損益計算書を作成した。

見積損益計算書

（単位：万円）

売上高（単価¥300，数量400,000個）			12,000
変動費：	直接材料費	3,600	
	直接労務費	1,600	
	製造間接費	800	
	販売費	1,200	7,200
貢献利益			4,800
固定費：	製造間接費	1,200	
	販売費	1,000	
	一般管理費	1,600	3,800
営業利益			1,000

同社では，生産設備に遊休生産能力があるため，その有効利用に関して検討を行い，次の２案が提案された。

Ａ案：レトルトカレーを100,000個増産する。

Ｂ案：新規にレトルトシチューを80,000個生産・販売する。

注）遊休生産能力で，レトルトカレーは100,000個，レトルトシチューは80,000個生産できる。

次の［資料］にもとづき，以下の設問に答えなさい。

［資料］

① Ａ案を採用する場合，販売単価の５％の値下げが必要になる。

② Ｂ案を採用する場合のレトルトシチューの生産・販売に関するデータは，以下のとおりである。なお，生産設備はそのまま利用できる。

販売単価　¥350　　販売数量　80,000個

変動費：直接材料費　@¥100　直接労務費　@¥50

製造間接費　@¥30　販売費　@¥50

固定費：製造間接費　¥3,600,000　販売費　¥2,800,000

一般管理費　¥3,400,000

（１）Ａ案，Ｂ案いずれの案を採用すべきか判断しなさい。

（２）今後，競争の激化によりさらなる販売単価の値下げが必要になった場合，Ａ案のもとで，レトルトカレーの見積販売単価¥300から何％までなら値下げが可能か。

（1）	A案を採用すると，¥（　　　　　　）の差額｛利益，損失｝が発生するため，｛A案，B案｝を採用すべきである。
（2）	％まで

問題2 神奈川工業は，電気機器の組立部品M－Ⅱを自製しており，1カ月当たりの予定生産数量は20,000個である。そこへ，横浜部品工業から組立部品M－Ⅱを1個当たり¥8,000で来月から納入できるとのオファーがあった。組立部品M－Ⅱの来月の予定製造原価に関するデータは以下のとおりである。

（単位：円）

	単位当たり原価	20,000個の原価
変動製造原価		
直接材料費	3,000	60,000,000
直接労務費	2,000	40,000,000
製造間接費	1,500	30,000,000
固定製造原価		
製造間接費		
段取費，保守費用	1,000	20,000,000
減価償却費，保険料	2,500	50,000,000
製造原価計	10,000	200,000,000

以下の設問に答えなさい。

（1）神奈川工業は，組立部品M-Ⅱを自製すべきか，横浜部品工業から購入すべきか判断しなさい。

（2）神奈川工業では，生産設備能力をフルに使って組立部品M－Ⅱを生産しており，もし組立部品M－Ⅱを横浜部品工業から購入することにした場合，組立部品M－Ⅱのために使われていた生産設備を使って新型の組立部品NM－Ⅱを生産・販売できるとする。組立部品NM－Ⅱを生産・販売することにより得られる利益は¥25,000,000と見積もられた。この状況下において，神奈川工業は，組立部品M－Ⅱを自製すべきか，横浜部品工業から購入すべきか判断しなさい。

（1）	｛自製，購入｝する方が，単位当たりで¥（　　　　），20,000個で¥（　　　　），有利となるので，組立部品M－Ⅱを｛自製，購入｝すべきである。
（2）	｛自製，購入｝する方が，20,000個で¥（　　　　　），有利となるので，組立部品M－Ⅱを｛自製，購入｝すべきである。

問題３　東京商事は，レンタルビデオ店を併設した郊外型のブックセンターを展開している。同店は，書籍販売部門，CD／DVDレンタル部門，CD／DVD販売部門，中古ゲームソフト販売部門，文具／雑貨販売部門という５つの主要な部門をもっている。しかしここ数年，競合店との競争が激化し，［資料］の部門別損益計算書に示されているように，CD／DVD販売部門と中古ゲームソフト販売部門で赤字が続いている。そこで，東京商事はCD／DVD販売部門，中古ゲームソフト販売部門を廃止すべきか否か検討を開始した。

［資料］

部門別損益計算書

（単位：千円）

項　目	書　籍	CD／DVD レンタル	CD／DVD 販売	中古ゲーム ソフト	文具／雑貨	合　計
売　上　高	50,000	60,000	30,000	20,000	10,000	170,000
変　動　費	35,000	21,000	15,000	12,000	4,500	87,500
貢献利益	15,000	39,000	15,000	8,000	5,500	82,500
固　定　費						
部門個別固定費	10,000	20,000	12,000	8,500	2,000	52,500
全社共通固定費	4,500	8,000	4,000	3,000	1,500	21,000
営業利益	500	11,000	△1,000	△3,500	2,000	9,000

解答欄の差額原価収益分析を完成し，東京商事はCD／DVD販売部門と中古ゲームソフト販売部門を廃止すべきか否か判断しなさい。また，その意思決定の結果，全社の営業利益はいくらになるか求めなさい。なお，ある部門を廃止することによって，他の部門の販売量は影響を受けないと仮定する。

（単位：千円）

	CD／DVD販売部門		中古ゲームソフト販売部門	
差額収益（部門の廃止による減分収益）		(　　)		(　　)
差額原価（部門の廃止による回避可能原価）				
(　　　　)	(　　)		(　　)	
(　　　　)	(　　)	(　　)	(　　)	(　　)
差額損益		(　　)		(　　)

CD／DVD販売部門の廃止にともなう差額｛利益，損失｝は￥(　　　　)となるため，廃止すべきで｛ある，ない｝。	
中古ゲームソフト販売部門の廃止にともなう差額｛利益，損失｝は￥(　　　　)となるため，廃止すべきで｛ある，ない｝。	
全社の営業利益	￥

問題 4 群馬部品工業は機械部品PT－5を製造販売している。これまで取引のなかった前橋機械工業から，次月に機械部品PT－5を，1個￥24,000で10,000個納入できないかという注文が入った。
機械部品PT－5の次月の生産・販売に関するデータならびに特別注文に関するデータは，次の資料のとおりである。

［資料］
（1）機械部品PT－5の販売に関するデータ
販売価格は￥30,000であり，次月の予定販売数量は50,000個である。
（2）機械部品PT－5の生産に関するデータ
① 機械部品PT－5の月間最大生産能力は60,000個であるが，次月の予定生産数量は50,000個である。
② 機械部品PT－5の次月の製造原価および販売費及び一般管理費の予算は，次のとおりである。

（単位：千円）

直接材料費	500,000
直接労務費	375,000
製造間接費	300,000
販売費及び一般管理費	240,000
合　計	1,415,000

③ 固定製造間接費は￥150,000,000であり，月間最大生産能力まで一定である。
④ 変動販売費は単位当たり￥1,200であり，一般管理費はすべて固定費である。
（3）特別注文に関するデータ
特別注文を引き受けた場合，追加の一般管理費が￥3,000,000発生する。

以下の設問に答えなさい。
（1）前橋機械工業からの一度限りの低い販売価格での特別注文を受けたとしても，既存の取引先との取引に影響がないとした場合，この注文を引き受けるべきか断るべきか判断しなさい。
（2）前橋機械工業から特別注文を引き受けた場合，既存の取引先の一部が群馬部品工業との取引を中止することにより，機械部品PT－5の販売数量が4,000個減少するとした場合，前橋機械工業からの注文を引き受けるべきか断るべきか判断しなさい。
（3）前橋機械工業からの機械部品PT－5の特別注文の数量が12,000個だった場合，群馬部品工業の生産能力を超える2,000個分の生産を1個当たり￥27,000で他企業に外注したとすると，前橋機械工業からの注文を引き受けるべきか断るべきか判断しなさい。なお，この特別注文を引き受けても，既存の取引先との取引に影響はないものとする。

（1）	特別注文を引き受けると，¥（　　　　　）の差額｛利益，損失｝がでるので，特別注文を｛引き受ける，断る｝べきである。
（2）	特別注文を引き受けると，¥（　　　　　）の差額｛利益，損失｝がでるので，特別注文を｛引き受ける，断る｝べきである。
（3）	特別注文を引き受けると，¥（　　　　　）の差額｛利益，損失｝がでるので，特別注文を｛引き受ける，断る｝べきである。

問題５　和歌山電子工業は，部品Ｊを外部から調達している。部品Ｊに関する［資料］にもとづき，以下の設問に答えなさい。

［資料］

１個当たり購入価格	¥12,500
１個当たりの引取費用	¥500
発注１回当たりの通信費	¥100
発注１回当たりの事務処理費	¥500
発注１回当たりの検査費	¥900
在庫部品１個当たりの年間火災保険料	¥40
在庫部品への投資にともなう機会原価	部品に対する投資額の２％（年利率）

（1）部品Ｊの１回当たりの発注費を求めなさい。
（2）部品Ｊの１個当たりの年間保管費を求めなさい。
（3）経済的発注量を求めなさい。なお，部品Ｊの年間必要量は36,000個である。
（4）経済的発注量のもとでの年間在庫関連費用を求めなさい。

（1）	１回当たりの発注費	¥
（2）	１回当たりの年間保管費	¥
（3）	経済的発注量	個
（4）	年間在庫関連費用	¥

第32章 構造的意思決定

ポイント整理

1 構造的意思決定と設備投資意思決定

構造的意思決定（戦略的意思決定）：経営の基本構造の決定・変革に関して随時的に行われる意思決定。

設備投資意思決定：生産や販売に使用される土地や建物，設備等の固定資産の新設・拡張・取替などに関する意思決定。

2 設備投資意思決定の特徴

① 経済性計算は，個々の設備投資プロジェクトそれ自体を対象に行う。

② 経済的効果の測定は，キャッシュ・フロー（現金の収入・支出）を用いる。

③ 経済性計算の計算対象期間は，個々の設備投資プロジェクトからの経済的効果が生じる期間（経済命数）である。

④ 設備投資プロジェクトは長期間にわたるため，その評価に際して貨幣の時間価値を考慮する。

3 設備投資意思決定における基礎概念

（1）キャッシュ・フロー（CF）

① 原投資額：設備を取得するのに要した現金支出額。

原投資額 ＝ 取得原価（購入代価 ＋ 付随費用）－ 旧資産売却による現金収入額

② 毎期のキャッシュ・フロー：設備投資案から得られる毎期の経済的効果。

③ 処分時のキャッシュ・フロー：経済命数終了時の設備の処分価値。

（2）貨幣の時間価値

貨幣の時間価値：「時間の経過によってお金の価値が変わる」という考え方。

現在価値の算定式：FV（将来価値），PV（現在価値），r（割引率），t（期間）

$$PV = \frac{FV}{(1+r)^t}$$

（3）資本コスト（加重平均資本コスト（WACC））

資本コスト：設備投資には多額の資本が必要であるが，そうした資本を用いることで不可避的に発生するコストのこと。したがって，投資案はそれらの資金調達にともなうコストを上回るリターンをもたらす必要があり，投資案の評価の際には，必要最低利益率や切捨率として，また将来キャッシュ・フローを現在価値に割り引く際に割引率として利用される（この場合，資本コスト率（%）としてあらわされる）。

4 設備投資案の評価方法

割引キャッシュ・フロー法（DCF法）：正味現在価値法や内部利益率法のように，経済的効果の測定にキャッシュ・フローを用い，なおかつ貨幣の時間価値を考慮に入れる評価方法。

（1）会計的利益率法（ARR法）（投資利益率法（ROI法））

会計的利益率法：投資によってどれだけ利益をあげるかという収益性の観点から投資案の評価を行う方法で，算定された投資利益率が高いほど優れた投資案となる（経済的効果の測定にキャッシュ・フローではなく会計上の利益を用いる）。

会計的利益率（投資利益率）の算定方法：

① 総投資利益率法：分母に総投資額を用いる方法

$$総投資利益率 = \frac{税引後平均利益}{総投資額} \times 100$$

② 平均投資利益率法：分母に平均投資額（＝総投資額÷2）を用いる方法

$$平均投資利益率 = \frac{税引後平均利益}{平均投資額} \times 100$$

（2）回収期間法

回収期間法：投資から得られる毎期のキャッシュ・フローによって，原投資額をどのくらいの期間で回収できるかにもとづき投資案を評価する方法。

評価基準：毎期のキャッシュ・インフローを累計していき，原投資額と等しくなる期間

（回収期間）を計算し，原投資額を早期に回収する（回収期間が短い）投資案をもって優れた投資案とする。

（3）正味現在価値法（NPV法）

正味現在価値法：投資によって得られる将来キャッシュ・フローの現在価値合計（PV）から原投資額（I_0）を控除した正味現在価値（NPV）をもとに投資案の評価を行う方法。

評価基準：NPV（$=PV-I_0$）>0　⇒投資案を採用

NPV（$=PV-I_0$）<0　⇒投資案を棄却

正味現在価値の計算式：

I_0：原投資額，CF_t：t期のキャッシュ・フロー，r：資本コスト，n：経済命数

$$NPV=\frac{CF_1}{(1+r)}+\frac{CF_2}{(1+r)^2}+\cdots\cdots+\frac{CF_n}{(1+r)^n}-I_0$$

（4）内部利益率法（IRR法）

内部利益率法：投資案の内部利益率を算出し，これを必要利益率（切捨率）としての資本コストと比較し，投資案の優劣を評価する方法。

内部利益率：投資案からのキャッシュ・インフローの現在価値合計（PV）を原投資額（I_0）と等しくするような割引率。

評価基準：内部利益率＞必要利益率（切捨率）　⇒投資案を採用

内部利益率＜必要利益率（切捨率）　⇒投資案を棄却

内部利益率（r）の算定式：毎期のキャッシュ・フローが均一の場合（右辺は年金現価係数をあらわす）

$$\frac{I_0}{CF}=\frac{1-(1+r)^{-n}}{r}$$

5 法人税と毎期のキャッシュ・フローの見積もり

売上高：S，現金支出費用：C，減価償却費：D，税率：t

税金の支払額$=t(S-C-D)$，**毎期の現金支出額**$=C+t(S-C-D)$

毎期のキャッシュ・フロー$=S-\{C+t(S-C-D)\}=(S-C)(1-t)+tD$

タックス・シールド：減価償却費による法人税の節約効果（上式中のtD）

会計上の利益からキャッシュ・フローへの修正計算を行う場合：

毎期のキャッシュ・フロー＝税引後利益＋減価償却費$=(S-C-D)(1-t)+D$

練習問題

問題1 葛飾工業は，新製品Kを製造・販売するため，次の［資料］のような新規の設備投資案の検討を行っている。

［資料］

1．設備投資額　　　¥70,000,000
2．設備の経済命数　5年
3．設備の減価償却　定額法（耐用年数5年，残存価額¥0）
4．設備から得られる毎期の税引後の増分キャッシュ・インフロー

1年度	2年度	3年度	4年度	5年度
¥15,000,000	¥23,000,000	¥30,000,000	¥20,000,000	¥14,500,000

5．資本コスト率　10％
6．現価係数

n \ i	8％	9％	10%	11%	12%	13%	14%	15%	16%
1	0.9259	0.9174	0.9091	0.9009	0.8929	0.8850	0.8772	0.8696	0.8621
2	0.8573	0.8417	0.8264	0.8116	0.7972	0.7831	0.7695	0.7561	0.7432
3	0.7938	0.7722	0.7513	0.7312	0.7118	0.6931	0.6750	0.6575	0.6407
4	0.7350	0.7084	0.6830	0.6587	0.6355	0.6133	0.5921	0.5718	0.5523
5	0.6806	0.6499	0.6209	0.5935	0.5674	0.5428	0.5194	0.4972	0.4761
6	0.6302	0.5963	0.5645	0.5346	0.5066	0.4803	0.4556	0.4323	0.4104

以下の各設問に答えなさい。

（1）この投資案の総投資利益率を算定し，採用すべきかどうか判断しなさい。なお，目標総投資利益率として資本コスト率を用いている。

（2）この投資案の回収期間を算定し，採用すべきかどうか判断しなさい。なお，目標回収期間は3年である。

（3）この投資案の正味現在価値を算定し，採用すべきかどうか判断しなさい。

（4）この投資案の内部利益率を算定し，採用すべきかどうか判断しなさい。

（1）	総投資利益率：　　　　　　　％	｛採用すべき，採用すべきでない｝
（2）	回収期間：　　　　　　　　年	｛採用すべき，採用すべきでない｝
（3）	正味現在価値：¥	｛採用すべき，採用すべきでない｝
（4）	内部利益率：　　　　　　　％	｛採用すべき，採用すべきでない｝

問題２　墨田工業は，新製品Ｓを製造・販売するため，次の［資料］のような新規の設備投資案の検討を行っている。

［資料］

１．設備投資額　¥115,000,000

２．設備の運送・据付のための付随費用　¥5,000,000

３．設備の経済命数　６年

４．６年後の設備の見積処分価値　¥15,000,000

５．設備の減価償却　定額法（耐用年数６年，残存価額10％）

６．法人税率　40％

７．設備から得られる毎期の増分キャッシュ・インフローと増分キャッシュ・アウトフロー

（単位：万円）

	１年度	２年度	３年度	４年度	５年度	６年度
新製品売上高	6,200	9,700	12,600	11,900	8,100	5,600
現金支出費用	3,900	5,600	7,500	7,200	4,800	3,500

以下の各設問に答えなさい。

① 本投資案の原投資額を算定しなさい。

② 解答欄の「毎期のキャッシュ・フローの一覧表」を完成し，毎期の税引後キャッシュ・フローを算定しなさい。

①

原投資額：¥

②

（単位：万円）

	１年度	２年度	３年度	４年度	５年度	６年度
売上高	（　）	（　）	（　）	（　）	（　）	（　）
費　用						
（　）	（　）	（　）	（　）	（　）	（　）	（　）
（　）	（　）	（　）	（　）	（　）	（　）	（　）
税引前純利益	（　）	（　）	（　）	（　）	（　）	（　）
法人税	（　）	（　）	（　）	（　）	（　）	（　）
（　）	（　）	（　）	（　）	（　）	（　）	（　）
（　）	（　）	（　）	（　）	（　）	（　）	（　）
設備処分時のCF						（　）
キャッシュ・フロー	（　）	（　）	（　）	（　）	（　）	（　）

問題 3　足立工業の資本構成ならびに調達源泉別の資本コスト率は［資料］のとおりである。同社の税引後加重平均資本コスト率を求めなさい。なお，法人税率は40％である。

［資料］

調達源泉	金　額	個別資本コスト率
借 入 金	￥15,000,000	3％（税引前）
社　　債	￥25,000,000	5％（税引前）
株　　式	￥50,000,000	10％
内部留保	￥10,000,000	8％

税引後加重平均資本コスト率：	％

問題 4　台東工業は，製品Ｔ用の生産設備の更新案を検討中である。新設備は旧設備よりも効率的に生産することができるため，毎期の原価支出額を節約することができる。ただし，生産能力は両設備とも同等であるため，製品の売上高は変わらない。
次の新旧設備に関する［資料］にもとづき，以下の設問に答えなさい。

［資料］

（単位：万円）

	旧設備	新設備
取得原価	30,000	26,000
経済命数	10年	6年
現在の処分価額	10,000	−
6年後の処分価額	2,000	3,000
年間現金支出費用	18,500	14,500

1．設備の購入は期首に行われ，毎期のキャッシュ・フローは期末に生じる。
2．減価償却は，旧設備・新設備とも定額法による。
3．旧設備は耐用年数10年，残存価額は取得原価の10％として減価償却されている。同設備はすでに4年が経過しており，残存期間は6年である。
4．新設備は耐用年数6年，残存価額は取得原価の10％として減価償却される。
5．設備の耐用年数にわたり，現金支出費用は毎期一定であると仮定する。
6．法人税率は40％とする。
7．設備の売却損益ならびに減価償却にともなう税効果は，それが行われる年度の期末に生じる。
8．資本コスト率は8％とする。

以下の各設問に答えなさい。
① この取替投資案の回収期間を算定し，新設備を導入すべきかどうか判断しなさい。なお，目標回収期間は4年である。
② この取替投資案の正味現在価値を算定し，新設備を導入すべきかどうか判断しなさい。

①	回収期間：　　　　　年	新設備を｛導入すべき，導入すべきでない｝。
②	正味現在価値：¥	新設備を｛導入すべき，導入すべきでない｝。

問題5　江戸川工業は新製品Eを製造・販売するため，次の［資料］のような新規の設備投資案の検討を行っている。

［資料］

1．設備投資額　¥90,000,000
2．設備の運送・据付のための付随費用　¥10,000,000
3．設備の経済命数　5年
4．5年後の設備の見積処分価値　¥15,000,000
5．設備の減価償却　定額法（耐用年数5年，残存価額10％）
6．製品Eの販売単価　¥8,000
7．製品Eの年間見積販売数量（5年間一定）　10,000個
8．製品Eの単位当たり変動費　¥3,200
9．年間現金支出固定費　¥15,000,000
10．法人税率　40％
11．資本調達源泉別の資本コスト率

調達源泉	構成比	個別資本コスト率
借入金	30%	5％（税引後）
社債	20%	7％（税引後）
株式	40%	13%
内部留保	10%	9％

以下の各設問に答えなさい。

① この投資案の正味現在価値を算定し，採用すべきかどうか判断しなさい。
② 年間販売数量が見積もりより15％減少した場合，同投資案の採否はどうなるか，正味現在価値法で評価しなさい。なお，販売価格に変化はない。
③ 正味現在価値をゼロ以上にするためには，年間販売数量をいくら以上にしなければならないか求めなさい。なお，販売価格に変化はない。
④ 年間販売数量が見積もりより15％減少した場合に，正味現在価値をゼロ以上にするためには，現金支出固定費をいくら以下にしなければならないか求めなさい。なお，販売価格に変化はない。

①	正味現在価値：¥	｛採用すべき，採用すべきでない｝
②	正味現在価値：¥	｛採用すべき，採用すべきでない｝
③	必要年間販売数量：　　　　　個以上	
④	現金支出固定費：　¥　　　　　以下	

付録A．現価係数表

$(1+r)^{-n}$

n/r	1%	2%	3%	4%	5%	6%	7%	8%	9%	10%
1	0.9901	0.9804	0.9709	0.9615	0.9524	0.9434	0.9346	0.9259	0.9174	0.9091
2	0.9803	0.9612	0.9426	0.9246	0.9070	0.8900	0.8734	0.8573	0.8417	0.8264
3	0.9706	0.9423	0.9151	0.8890	0.8638	0.8396	0.8163	0.7938	0.7722	0.7513
4	0.9610	0.9238	0.8885	0.8548	0.8227	0.7921	0.7629	0.7350	0.7084	0.6830
5	0.9515	0.9057	0.8626	0.8219	0.7835	0.7473	0.7130	0.6806	0.6499	0.6209
6	0.9420	0.8880	0.8375	0.7903	0.7462	0.7050	0.6663	0.6302	0.5963	0.5645
7	0.9327	0.8706	0.8131	0.7599	0.7107	0.6651	0.6227	0.5835	0.5470	0.5132
8	0.9235	0.8535	0.7894	0.7307	0.6768	0.6274	0.5820	0.5403	0.5019	0.4665
9	0.9143	0.8368	0.7664	0.7026	0.6446	0.5919	0.5439	0.5002	0.4604	0.4241
10	0.9053	0.8203	0.7441	0.6756	0.6139	0.5584	0.5083	0.4632	0.4224	0.3855

n/r	11%	12%	13%	14%	15%	16%	17%	18%	19%	20%
1	0.9009	0.8929	0.8850	0.8772	0.8696	0.8621	0.8547	0.8475	0.8403	0.8333
2	0.8116	0.7972	0.7831	0.7695	0.7561	0.7432	0.7305	0.7182	0.7062	0.6944
3	0.7312	0.7118	0.6931	0.6750	0.6575	0.6407	0.6244	0.6086	0.5934	0.5787
4	0.6587	0.6355	0.6133	0.5921	0.5718	0.5523	0.5337	0.5158	0.4987	0.4823
5	0.5935	0.5674	0.5428	0.5194	0.4972	0.4761	0.4561	0.4371	0.4190	0.4019
6	0.5346	0.5066	0.4803	0.4556	0.4323	0.4104	0.3898	0.3704	0.3521	0.3349
7	0.4817	0.4523	0.4251	0.3996	0.3759	0.3538	0.3332	0.3139	0.2959	0.2791
8	0.4339	0.4039	0.3762	0.3506	0.3269	0.3050	0.2848	0.2660	0.2487	0.2326
9	0.3909	0.3606	0.3329	0.3075	0.2843	0.2630	0.2434	0.2255	0.2090	0.1938
10	0.3522	0.3220	0.2946	0.2697	0.2472	0.2267	0.2080	0.1911	0.1756	0.1615

n/r	21%	22%	23%	24%	25%	26%	27%	28%	29%	30%
1	0.8264	0.8197	0.8130	0.8065	0.8000	0.7937	0.7874	0.7813	0.7752	0.7692
2	0.6830	0.6719	0.6610	0.6504	0.6400	0.6299	0.6200	0.6104	0.6009	0.5917
3	0.5645	0.5507	0.5374	0.5245	0.5120	0.4999	0.4882	0.4768	0.4658	0.4552
4	0.4665	0.4514	0.4369	0.4230	0.4096	0.3968	0.3844	0.3725	0.3611	0.3501
5	0.3855	0.3700	0.3552	0.3411	0.3277	0.3149	0.3027	0.2910	0.2799	0.2693
6	0.3186	0.3033	0.2888	0.2751	0.2621	0.2499	0.2883	0.2274	0.2170	0.2072
7	0.2633	0.2486	0.2348	0.2218	0.2097	0.1983	0.1877	0.1776	0.1682	0.1594
8	0.2176	0.2038	0.1909	0.1789	0.1678	0.1574	0.1478	0.1388	0.1304	0.1226
9	0.1799	0.1670	0.1552	0.1443	0.1342	0.1249	0.1164	0.1084	0.1011	0.0943
10	0.1486	0.1369	0.1262	0.1164	0.1074	0.0992	0.0916	0.0847	0.0784	0.0725

n/r	31%	32%	33%	34%	35%	36%	37%	38%	39%	40%
1	0.7634	0.7576	0.7519	0.7463	0.7407	0.7353	0.7299	0.7246	0.7194	0.7143
2	0.5827	0.5739	0.5653	0.5569	0.5487	0.5407	0.5328	0.5251	0.5176	0.5102
3	0.4448	0.4348	0.4251	0.4156	0.4064	0.3975	0.3889	0.3805	0.3724	0.3644
4	0.3396	0.3294	0.3196	0.3102	0.3011	0.2923	0.2839	0.2757	0.2679	0.2603
5	0.2592	0.2495	0.2403	0.2315	0.2230	0.2149	0.2072	0.1998	0.1927	0.1859
6	0.1979	0.1890	0.1807	0.1727	0.1652	0.1580	0.1512	0.1448	0.1386	0.1328
7	0.1510	0.1432	0.1358	0.1289	0.1224	0.1162	0.1104	0.1049	0.0997	0.0949
8	0.1153	0.1085	0.1021	0.0962	0.0906	0.0854	0.0806	0.0760	0.0718	0.0678
9	0.0880	0.0822	0.0768	0.0718	0.0671	0.0628	0.0588	0.0551	0.0516	0.0484
10	0.0672	0.0623	0.0577	0.0536	0.0497	0.0462	0.0429	0.0399	0.0371	0.0346

付録B．年金現価係数表

$$\frac{1-(1+r)^{-n}}{r}$$

n/r	1%	2%	3%	4%	5%	6%	7%	8%	9%	10%
1	0.9901	0.9804	0.9709	0.9615	0.9524	0.9434	0.9346	0.9259	0.9174	0.9091
2	1.9704	1.9416	1.9135	1.8861	1.8594	1.8334	1.8080	1.7833	1.7591	1.7355
3	2.9410	2.8839	2.8286	2.7751	2.7232	2.6730	2.6243	2.5771	2.5313	2.4869
4	3.9020	3.8077	3.7171	3.6299	3.5460	3.4651	3.3872	3.3121	3.2397	3.1699
5	4.8534	4.7135	4.5797	4.4518	4.3295	4.2124	4.1002	3.9927	3.8897	3.7908
6	5.7955	5.6014	5.4172	5.2421	5.0757	4.9173	4.7665	4.6229	4.4859	4.3553
7	6.7282	6.4720	6.2303	6.0021	5.7864	5.5824	5.3893	5.2064	5.0330	4.8684
8	7.6517	7.3255	7.0197	6.7327	6.4632	6.2098	5.9713	5.7466	5.5348	5.3349
9	9.5660	8.1622	7.7861	7.4353	7.1078	6.8017	6.5152	6.2469	5.9952	5.7590
10	9.4713	8.9826	8.5302	8.1109	7.7217	7.3601	7.0236	6.7101	6.4177	6.1446

n/r	11%	12%	13%	14%	15%	16%	17%	18%	19%	20%
1	0.9009	0.8929	0.8850	0.8772	0.8696	0.8621	0.8547	0.8475	0.8403	0.8333
2	1.7125	1.6901	1.6681	1.6467	1.6257	1.6052	1.5852	1.5656	1.5465	1.5278
3	2.4437	2.4018	2.3612	2.3216	2.2832	2.2459	2.2096	2.1743	2.1399	2.1065
4	3.1024	3.0373	2.9745	2.9137	2.8550	2.7982	2.7432	2.6901	2.6386	2.5887
5	3.6959	3.6048	3.5172	3.4331	3.3522	3.2743	3.1993	3.1272	3.0576	2.9906
6	4.2305	4.1114	3.9975	3.8887	3.7845	3.6847	3.5892	3.4976	3.4098	3.3255
7	4.7122	4.5638	4.4226	4.2883	4.1604	4.0386	3.9224	3.8115	3.7057	3.6046
8	5.1461	4.9676	4.7988	4.6389	4.4873	4.3436	4.2072	4.0776	3.9544	3.8372
9	5.5370	5.3282	5.1317	4.9464	4.7716	4.6065	4.4506	4.3030	4.1633	4.0310
10	5.8892	5.6502	5.4262	5.2161	5.0188	4.8332	4.6586	4.4941	4.3389	4.1925

n/r	21%	22%	23%	24%	25%	26%	27%	28%	29%	30%
1	0.8264	0.8197	0.8130	0.8065	0.8000	0.7937	0.7874	0.7813	0.7752	0.7692
2	1.5095	1.4915	1.4740	1.4568	1.4400	1.4235	1.4074	1.3916	1.3761	1.3609
3	2.0739	2.0422	2.0114	1.9813	1.9520	1.9234	1.8956	1.8684	1.8420	1.8161
4	2.5404	2.4936	2.4438	2.4043	2.3616	2.3202	2.2800	2.2410	2.2031	2.1662
5	2.9260	2.8636	2.8035	2.7454	2.6893	2.6351	2.5827	2.5320	2.4830	2.4356
6	3.2446	3.1669	3.0923	3.0205	2.9514	2.8850	2.8210	2.7594	2.7000	2.6427
7	3.5079	3.4155	3.3270	3.2423	3.1611	3.0833	3.0087	2.9370	2.8682	2.8021
8	3.7256	3.6193	3.5179	3.4212	3.3289	3.2407	3.1564	3.0758	2.9986	2.9247
9	3.9054	3.7863	3.6731	3.5655	3.4631	3.3657	3.2728	3.1842	3.0997	3.0190
10	4.0541	3.9232	3.7993	3.6819	3.5705	3.4648	3.3644	3.2689	3.1781	3.0915

n/r	31%	32%	33%	34%	35%	36%	37%	38%	39%	40%
1	0.7634	0.7576	0.7519	0.7463	0.7407	0.7353	0.7299	0.7246	0.7194	0.7143
2	1.3461	1.3315	1.3172	1.3032	1.2894	1.2760	1.2627	1.2497	1.2370	1.2245
3	1.7909	1.7663	1.7423	1.7188	1.6959	1.6735	1.6516	1.6302	1.6093	1.5889
4	2.1305	2.0957	2.0618	2.0290	1.9969	1.9658	1.9355	1.9060	1.8772	1.8492
5	2.3897	2.3452	2.3021	2.2604	2.2200	2.1807	2.1427	2.1058	2.0699	2.0352
6	2.5875	2.5342	2.4828	2.4331	2.3852	2.3388	2.2939	2.2506	2.2086	2.1680
7	2.7368	2.6775	2.6187	2.5620	2.5075	2.4550	2.4043	2.3555	2.3083	2.2628
8	2.8539	2.7860	2.7208	2.6582	2.5982	2.5404	2.4849	2.4315	2.3801	2.3306
9	2.9419	2.8681	2.7976	2.7300	2.6653	2.6033	2.5437	2.4866	2.4317	2.3790
10	3.0091	2.9304	2.8553	2.7836	2.7150	2.6495	2.5857	2.5265	2.4689	2.4136

《編著者紹介》

村田直樹（むらた・なおき）

1953年　東京都に生まれる。

1983年　日本大学大学院経済学研究科博士後期課程満期退学。

1987年～1988年　ロンドン大学歴史研究所研究員。

1995年　長崎県立大学教授，淑徳大学教授を経て，

現　在　日本大学経済学部教授　博士（経済学）（九州大学）

[主要著書]

『近代イギリス会計史研究―運河・鉄道会計史―』（共著）晃洋書房，1995年。

『鉄道会計発達史論』（単著）日本経済評論社（日本会計史学会賞受賞），2001年。

『企業会計の歴史的諸相―近代会計の萌芽から現代会計へ―』（編著）創成社，2005年。

竹中　徹（たけなか・とおる）

1971年　京都府に生まれる。

2004年　大阪市立大学大学院経営学研究科後期博士課程単位取得退学。

2006年　大阪経済法科大学専任講師，准教授を経て，

現　在　石巻専修大学経営学部准教授。

[主要著書]

「資産評価の今日的問題―金融商品を巡って―」大阪経済法科大学『経済研究年報』第25号，2007年。

「時価評価問題に対する一視点―かつての制度を巡って―」大阪経済法科大学『経済学論集』第31巻第２・３号合併号，2008年

「財務諸表の歩き方」『会計人コース』2009年３月号別冊，中央経済社，2009年。

森口毅彦（もりぐち・たけひこ）

1967年　宮城県に生まれる。

1997年　東北大学大学院経済学研究科博士後期課程退学。

1997年　富山大学経済学部助手，専任講師，助教授，准教授を経て，

現　在　富山大学経済学部教授。

[主要著書]

『経営管理会計の基礎』（共著）東京経済情報出版，2006年。

『管理会計』（共著）新世社，2008年。

『実務から学ぶコーポレート・ファイナンス』（共著）中央経済社，2011年。

（検印省略）

2012年 4 月20日　初版発行　　　　略称－複式簿記問題

複式簿記の理論と計算 問題集

編著者　村田直樹・竹中　徹
　　　　森口毅彦

発行者　塚　田　尚　寛

発行所　東京都文京区
　　　　春日2-13-1　　株式会社　創　成　社

電　話 03（3868）3867　　F A X 03（5802）6802
出版部 03（3868）3857　　F A X 03（5802）6801
http://www.books-sosei.com　振　替 00150-9-191261

定価はカバーに表示してあります。

ISBN978-4-7944-1434-2 C3034
Printed in Japan

組版：でーた工房　印刷：亜細亜印刷
製本：宮製本所
落丁・乱丁本はお取り替えいたします。